フィリピン戦跡ガイド

――戦争犠牲者への追悼の旅

はじめに

フィリピンは、やはり、日本から近くて遠い国だ。飛行機でわずか4時間ばかりで行くことができるのに、「治安」の状況もあるのか、年間の日本からの旅行者は、他のアジア諸国と比べて少ない。しかし、この近くて遠いという理由は、治安の他にも原因がありそうだ。

この原因の重要な一つが、「戦争の影」だ。アジア・太平洋戦争下で、日本がフィリピンを侵略し、多大な犠牲を強いたのにも関わらず、そのことについて国として何の反省も、謝罪もしていないことである。

先頃、オバマ大統領が原爆投下について、「謝罪」するか否かが大きな問題になった。しかし、自らが多大な犠牲を強いた中国・韓国・シンガポール、そしてフィリピンなど、アジア諸国への加害責任の謝罪（侵略戦争への明確な反省と謝罪。戦後50年の「村山談話」を除く）は、未だかつて行っていないのだ。特に、フィリピンに対しては、中国や韓国のような形式的な「遺憾」表明さえ行っていない。

このフィリピンに対しての加害責任では、実はそれ以前の問題がある。というのは、このフィリピンにおける戦争について、メディアはもとより、ほとんどの日本の民衆が知らされていない、知らないということだ。例えば、歴代首相の靖国参拝や文科省の教科書の歴史記述問題などでも、政府やメディアは中国や韓国からの反応は気にし、報じる。しかし、フィリピンからの声が報じられることは、全くない。この関心のなさは、残念ながら市民や平和運動の側も同様である。

しかし、今年（２０１６年1月）は、天皇夫妻のフィリピン訪問があり、このフィリピンでの戦争について、戦後初めてと言っていいほど関心が高まった。天皇夫妻の訪比に同行した、メディアの戦争関連記事も、少しだが報じられていた。

だが、アジア・太平洋戦争下で、中国を超える約50万人という最大の日本軍戦没者を出したフィリピンでの戦争の実態、特にマニラ市街戦を含む日本軍の「フィリピン住民の大虐殺」について、少しでも触れたメディアは、少なかったと言えよう（中国戦線の戦没者は約46万人）。

フィリピンでの戦争について、ルソン島やレイテ島での「飢餓街道」や「人肉事件」などの戦記や映画は、優れたものがある。しかし、私たちがもっとも認識すべきは、日本軍の兵士たちの悲惨な実態とともに、戦争で多大な犠牲を被ったフィリピン民衆の実情ではなかろうか。

本書では、フィリピン各地に今なお生々しく残されている、このフィリピンでの戦争の傷跡・戦跡を紹介したいと思う。戦後71年がたち、日本国内にはこれらの戦跡はほとんどなくなったが、フィリピン各地には未だに多数が残されている。中には、コレヒドール島など「戦場」が、当時のまま残されている所もある。これら戦跡の数々は、「戦争の実態」を語ってくれるに違いない。

これからフィリピンを訪れる人々には、ぜひとも一度はこれらの戦跡を訪ねてほしい。それがフィリピンの人々との、本当の交流と友好の機会になると思う。

２０１６年8月1日

目　次

註1　本書のフィリピン戦跡ガイドは、ルソン島に限定して執筆しているが、同国の他の島については、随時増補版として刊行する予定である。
註2　表紙カバーの写真は、バターン半島マリベレス・ゼロ地点のメモリアルである。

フィリピン全図
アパリ
サガダ
ダグパン
バギオ
リンガエン湾
タルラック
カバナトゥアン
アンヘレス
マニラ
オカンポロ
バターン半島
サン・パブロ
バタンガス
バウアン
カラパン
レガスピ
カルバヨグ
タクロバン
ロハス
カディス
バコロド
セブ
プエルト・
プリンセサ
ブトゥアン
カガヤン・
デ・オロ
イリガン
ダバオ
サンボアンガ
ヘネラル・
サントス
0
200km

■フィリピンでの戦跡の歩き方

本文では、各地の戦跡について詳しく説明しているので、ここでは、基本的な「戦跡の歩き方」について紹介しよう。

まず最初に、各地の戦跡を訪ねる場合、フィリピンでは、タクシー、トライシクル（サイドカー付バイク）などの格安の乗り物を利用することができる。

特に南部やバターン半島などの近距離では、それに加え、レンタカーを借りても格安だ。このレンタカーは、一般的にドライバー付であるから、交通事情を考えてもこれを勧めたい。

コレヒドール島への行き方は、本文に詳しく紹介しているが、リンガエン湾、バレテ峠などの遠隔地については、旅慣れた人々でも困難が伴うかも知れない。

しかし、ドライバー付レンタカーは、1泊24時間のレンタルも可能である。

マニラ市内やコレヒドール島、モンテンルパなどは、日本の旅行会社がツアーを企画しているから、それを利用することも出来る。これらの旅行会社の「戦跡ツアー」は、コースが決まっていることを承知しておきたい。

やはり、戦跡を詳しく、広く見るには、自由な旅が一番だ。

多くの人々にとって心配なのは、やはりフィリピンの治安だろう。日本と異なり、治安がよいとは言えない。だが、一定の危険と言われる場所に近づくことなく、基本的に日中に行動すれば、それほど心配することはない。

本文でも述べているが、フィリピンのあちこちに立つ「武装ガードマン」の存在は、逆に「犯罪への威嚇」にさえなっているように思う。

第1章　首都マニラ市内に残る戦争
——マニラ市街戦跡・住民虐殺のメモリアルを歩く

イントラムロス内にあるマニラ大聖堂（戦禍で破壊され再建）

●マニラその巨大都市の現在

高層ビルとスラムが同居する都市

東京と同様の、およそ１２８８万人の人口を抱えるマニラ首都圏は、凄まじいエネルギーが渦巻く巨大都市だ。

高層ビルとスラムが同居し、街頭には至るところに屋台と物売りが繰り出し、地下道・歩道橋の、一坪にも満たないところに小売の店がひしめき合っている。

旧市街のエルミタ地区を歩いてみると、ここには数十メートル間隔でセブンイレブンなどのコンビニが立ち並んでいるが、そのコンビニを含めて少し小洒落たショップ全てに拳銃で武装したガードマンが立っている（その結果か、昼間はかえって安全）。

ストリートチュルドレンやホームレス、物乞いの子どもたちがいる一方、青年たちは営業許可のいらないトライシクル（サイドカー付バイク）で、少年たちや中年以上の人々は、これも営業許可のいらないペディキャップ（サイドカー付自転車）で必死に稼いでいる。

そのトライシクル、ジプニー（乗合タクシー）などで市内は、一日中凄まじい交通渋滞にみまわれ、都市機能としては崩壊寸前だ。

これは、マニラ首都圏の急激な人口膨張の結果だと言われている。未だに産業の中心を占め

リサール公園の英雄ホセ・リサールの碑。右頁は公園横にある処刑のモニュメント

る、農業の停滞の結果、地方から多くの人々が職を求めてマニラに移動してきたのだ。

400年続いた植民地の歴史

ただ、このフィリピン経済の停滞は、およそ400年も続いた同国の植民地化の歴史と無縁ではない。

1521年、マゼランの率いるスペイン艦隊の到達とその後のスペインによる植民地化、米西戦争の結果としてのアメリカによる植民地化、そしてアジア・太平洋戦争での日本の占領と徹底的な収奪と破壊――この歴史的状況が、あらゆる意味でフィリピンの現在を規定しているかもしれない。

フィリピンでは、1日2ドル未満で暮らす貧困層は約4千万人、人口の40%もいると言われ、アジアの最貧国の一つになっている（一人当たりGDPは、2015年で2千858ドル）。

日本の占領と戦争による国の破壊

こういう歴史的状況にある今、フィリピンの最大の貿易相手国が日本だ。これに中国とアメリカが続いている。日本のODA（政府開発援助）でもフィリピンは、供与国第4位を占めているがこれは、先のアジア・太平洋戦争での戦争に大きく関わっている。

確かに日本は、1956年に日比賠償協定を結び、一定の戦争責任を果たそうとした。だがあの戦争で破壊されたフィリピンの経済と国土は、計算することも出来ない膨大なものだった。

日本の戦争下で死亡したフィリピン人は、およそ111万人、マニラ市街戦だけでも、約10万人が亡くなったと言われている。

マニラ市街戦によって、アジアで一番美しい街と言われたマニラは、文字通り廃墟と化し、一木一草も残らなかったと言われるほどだ。

市内の海から見たマニラ市街

この章の表紙写真のマニラ大聖堂をはじめ、歴史建築物のほとんどが灰燼《かいじん》に帰したのだ。

これは、「無防備都市宣言」をせず、市民を「人質」にマニラ市街に立て籠もった日本軍の責任が大きい（もちろん、勝利を急ぎ、無差別都市砲撃を始めた米軍にも責任がある）。

日本軍の市民虐殺

ところが、問題は市街戦でマニラ市全てを廃墟と化し、約10万人の市民が亡くなったことだけではない。

このマニラ市民の過半数は、戦闘に巻き込まれて死亡したのではなく、日本軍による無慈悲な殺害によるものだったのだ。

市内を走るトライシクル（上）とペティキャップ（下）

筆者は、マニラ市内、あるいは、フィリピンの各地の至るところにひっそりと設置された、それらのメモリアルを訪ねた。このメモリアルは、それぞれの地方・地域ではよく知られているが（虐殺の日に合わせて祈念の行事が行われている）、日本では、全く知られていないのだ。

大戦下の日本軍最大の戦死者

もう一つ、日本で知られていないのが、アジア・太平洋戦争で日本軍の最大の戦死者を出したのが、フィリピンでの戦争という事実だ。

フィリピンに投入された日本軍の兵力、約63万人中、約49万9千人の将兵が「戦死」したが、これは中国戦線の戦死者を上回り、アジア・太平洋戦争の戦死者の5分の1にも達する。この戦死者のうち、撃沈された艦艇の戦死者は約

市内の海岸。夕日が美しいとされる

3万人にものぼり、そして、全戦死者のうちの7割が、病死・餓死だったと言われている（在留日本市民の死者は約2万人）。

つまり、フィリピンは、アジア・太平洋戦争の中で、日本軍にとってもっとも過酷な戦場であったのである。

だが、それ以上の過酷な、残虐な状況を強いられたのが、フィリピン民衆だ。戦争での約111万人の死者の大半も、日本軍によって殺されたのだ。「ゲリラ」「ゲリラの手先」として。

2016年1月、天皇夫妻は、天皇として初めて同国へ「慰霊の旅」をした。だが、それは「日本軍の慰霊」あり、「フィリピン将兵」に対してだけのものだ。戦争で無慈悲に殺害された、フィリピン民衆の記念碑を訪れてはいない。

フィリピンを訪れた人々は、ぜひ、これらの記念碑や戦跡を見てほしい。

●マニラ市街戦最後の攻防、イントラムロス

マニラを訪れた観光客のほとんどは、市内の北部、パシグ川の南にあるイントラムロスを訪れる。イントラムロスの南には、フィリピンの英雄、ホセ・リサールを記念した広大な公園があり、一帯は観光名所になっている。

イントラムロスは、17世紀初めにスペインによって建てられた城壁都市であり、ここはマニラでは最古の歴史を誇る地区だ。南北約1・5キロ、東西約1キロにも及ぶ広大な地域は、今も高い城壁に囲まれている（掘も一部が残る。写真下は、サンチャゴ要塞の正門）。

このスペイン時代の城壁・要塞を市街戦に利用したのが、日本軍だった。

1945年1月、リンガエン湾から上陸した

米軍は、早くも2月3日には、マニラ市内に突入、市内に立て籠もる日本軍、特に日本海軍を中心としたマニラ防衛隊と対峙したのだ。

　イントラムロスを囲む石壁は、基部の厚さは12メートル、高さは平均5メートル、北側はパシグ川に守られ、そして、内部には縦横に地下壕が掘られている。

　こうして、「無防備都市宣言」を放棄した大本営と現地統帥部は、海軍主導のマニラ防衛戦＝「マニラ死守」を宣言した。

　この時期、イントラムロス内には、フィリピンの行政機関や教会、大学など多数の施設があるばかりか、膨大な市民が避難していた。

　当初、マニラ砲爆撃、特にイントラムロスの砲撃を控えていたマッカーサーは、自軍の犠牲者が多くなるに従い、2月17日、マニラ市内、とりわけイントラムロスへの砲撃を開始した。

その前の12日、米軍はパシグ川の北から上陸を開始した。
　この米軍の激しい砲撃で、イントラムロス内の全ての建物は破壊され、市民も多数が死亡、またそれと前後して絶望した日本軍は、膨大な市民と捕虜を殺害した（写真は、イントラムロス東地区に築かれた日本軍の砲台群跡。砲は南北と海側に向けられているが、激しい砲爆撃で、かろうじて原型をとどめている）。

●サンチャゴ要塞内のフィリピン人捕虜虐殺のメモリアル

パシグ川から上陸した米軍は、2月17日、イントラムロスに到着、その内部には千人以上のマニラ防衛隊が立て籠もり、フィリピン人約4千人の人質をとっていた。そして、フィリピン人の男たちはサンチャゴ要塞に、女性と子どもは二つの教会に閉じ込められていた。

同日、米軍はさらに徹底した無差別砲撃を開始、78門の榴弾砲、12門の76ミリ砲、24門の重迫撃砲、6両の戦車による直射砲撃、合計8千発がイントラムロスに撃ち込まれた（写真下はイントラムロス内の建物の銃弾跡）。

日本軍はイントラムロスでの三面包囲下に陥り、脱出は不可能となった。だが、「埠頭地区より大発・丸木舟にて脱出を図る者多し」（『戦史

叢書　捷号陸軍作戦』2）という状況もあった。

　こうして、2月23日午前8時過ぎ、米軍第37師団がイントラムロスの北と南から突入、日本軍はこの地下壕やトンネルに立て籠もって抵抗した。そして、同月25日、マニラ防衛隊の残存部隊は、切り込み「玉砕」した。

　この中で2月20日、イントラムロスで大火災が発生し、内部は火の海になり、ここで多数のフィリピン市民が爆死・焼死したという。

　サンチャゴ要塞は、イントラムロスの北端、パシグ川沿いにある。要塞内には、地下に縦横にトンネルが掘られ、まさに地下要塞でもある。

　もともと要塞内には、スペイン時代から囚人が収容されていたが、日本軍はこの要塞の地下牢に「ゲリラ」と見なした男たちを収容した（次々頁写真）。そして、「玉砕」の直前に、彼らの全てを無慈悲にも殺害したのだ（写真左は、上からサンチャゴ要塞突端監視所、要塞北のパシグ川、その川沿いの要塞石壁の上、要塞内のトンネルの一部）。

サンチャゴ要塞内の牢獄の前、リサール記念館の右手にあたるが、そこには彼らを追悼する十字架が建てられ、追悼の文字が刻まれている。ここには、約６００人のフィリピン人たちが日本軍に殺害され、その十字架の下に遺骨が眠っていると記されている（写真下は追悼の文字、写真左頁上は十字架、写真左頁下がその横の地下牢）。

この日本軍によるフィリピン人殺害は、戦闘終了直後から米軍によって記録され、戦犯裁判に提出された（以下要約）。

「歩兵第１２９連隊連隊長J・D・フレデリック大佐は正規の宣誓をなし左記の通り陳述

１９４５年2月23日、私は一個人として、サンチャゴ堡塁における日本軍の残虐行為を視察した。右残虐行為の証拠は、ある大きな石造の一小室に積み重ねてあった。40ないし50の射殺された屍体である。これらの屍体の両手はいずれも背中で縛り上げられていた。いずれも頭を下にし、二層ないし三層に積み重ねてあり、上層の屍体の背中には弾痕が見られた。若干の屍体にはナイフ、銃剣による傷が見られた。屍体はフィリピン人か中国人の男が全部である。

同じ建物の他の場所には、両手を縛られた八つの屍体があり、第2の扉の中には30の屍体があった。その奥にはさらに他の屍体があった。彼らは室内に閉じ込められ、餓死したのである。その中には男も女もいた。

屍体はしばしば深く地中に隠れていたので、総数を確認することはできなかった」（「マニラの悲劇」『長崎の鐘』永井隆著・初版収録）

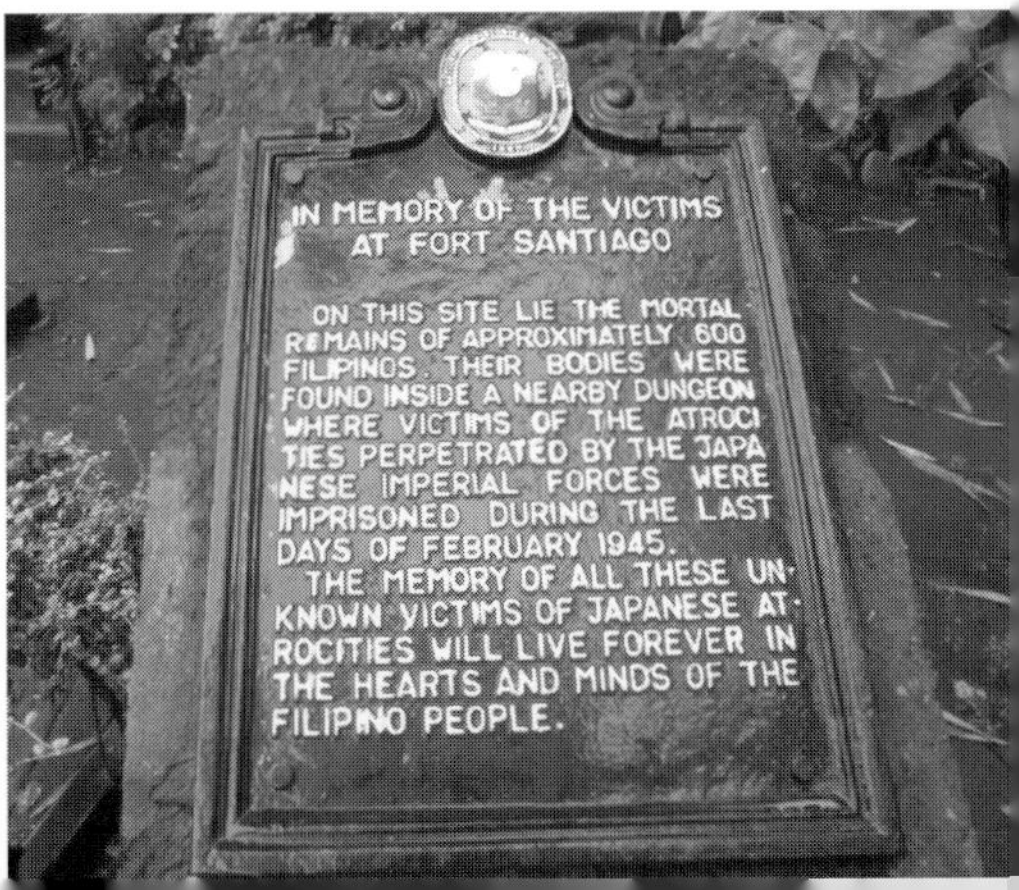

この収録された米軍将兵の証言は、この地点だけで十数人の記録があり、そのままマニラでの日本軍戦犯法廷に証拠として提出された。その結果、日本軍将兵の多数が処刑された。

（右下写真の文字は、結論部分で「日本人による残虐行為の知られていない犠牲者たちの全ての記憶は、フィリピンの人々の心と精神に生き続ける」と記す。）

●殺された市民の祈念碑が安置されたサン・オーグスティン教会

イントラムロスも、マニラ市内も市街戦で徹底的に破壊され、廃墟と化したなか、奇跡的にただ一つ残された建造物——これがサン・オーグスティン教会だ（写真左）。

イントラムロスのほぼ中央に位置するこの教会は、今なお重厚な石造りの、歴史を積み重ねた荘厳さを残している（１６０６年完成）。教会の正面には礼拝堂があり、その横には美術館が設けられているが、その頑丈な石造りの階段を上がっていくと、２階には歴史的な教会関係の美術品・装飾品などが展示されている。

この美術館の１階の右手の廊下を行くと、奥に照明を少し落とした部屋があり、その正面中央には大理石の墓が設置されている（写真下）。

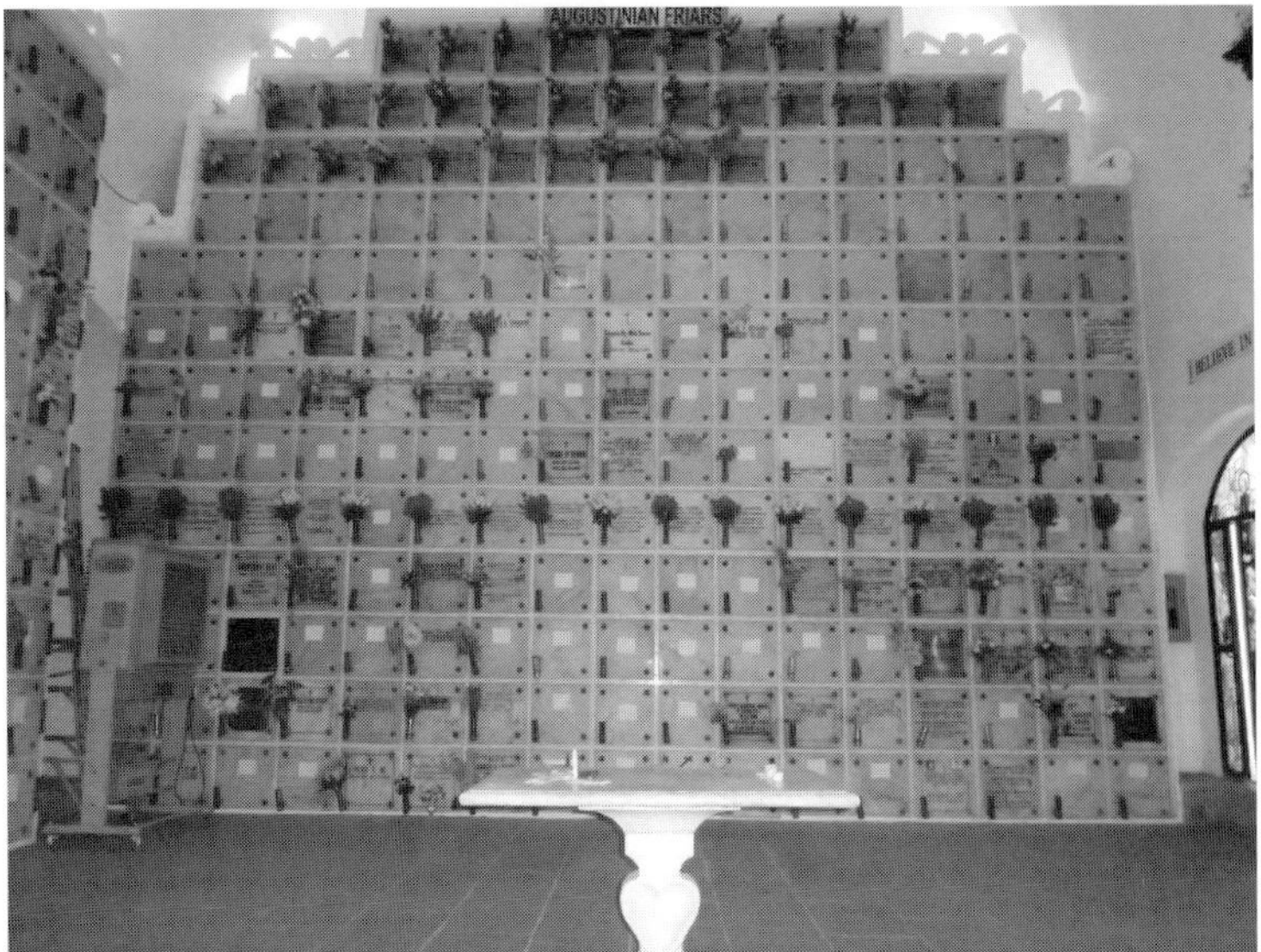
AUGUSTINIAN FRIARS

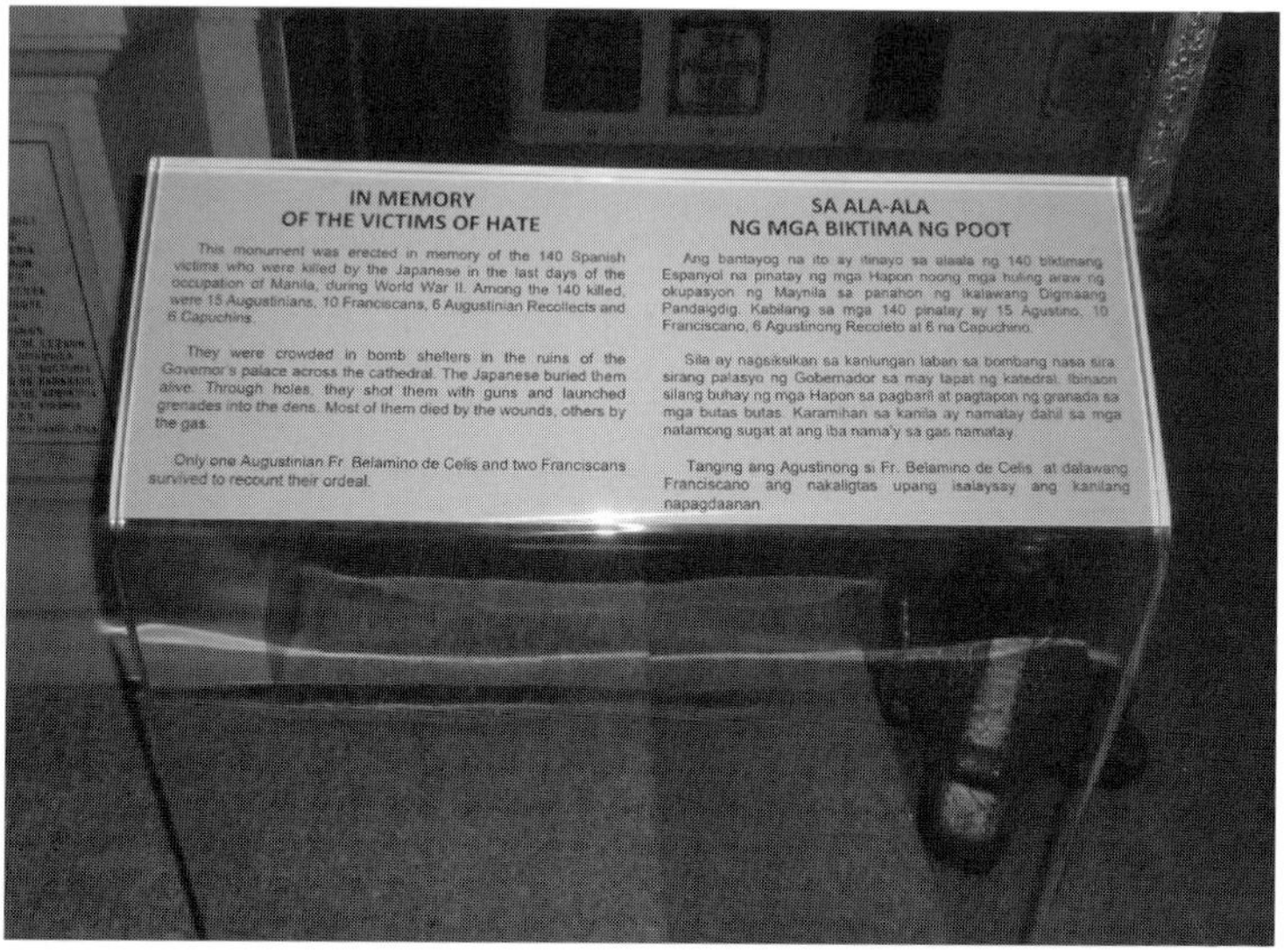

周りの壁には、犠牲になった教会関係者や市民の遺影やメッセージがたくさん書かれている（前々頁下写真）。

墓石の前の「憎しみの犠牲者たちの記憶」と題した説明文の中には、「この墓碑は、第2次大戦の間のマニラの占領の最後の日に、日本人によって殺された140人のメモリアルを建立した」などと記されている（写真上）。

この堅牢な教会は、マニラ市街戦中、周辺住民の避難所にもなっていたが、日本軍は住民を追い出し、この建物に機関銃を据え付け市街戦に活用したという。

そして、この市街戦の最終局面では、日本軍は住民とともに、神父・教会関係者なども殺害したのだ。この墓碑の、さらに奥の部屋にも、壁の四方に犠牲者たちへの追悼のメッセージが掲げられている（前頁写真下）。

●メモラーレ・マニラ1945モニュメント

マニラ市街戦の、市民の犠牲者たちを追悼したこのモニュメントは、イントラムロスのサン・オーグスティン教会の北、マニラ大聖堂の裏手あたりにある。日本の街角の公園のような場所の一角だ（写真下・次頁）。

毎年、2月中旬には、犠牲者たちの遺族や在比米大使、フィリピン政府関係者などが出席して記念の行事が執り行われている。もっとも、この行事に日本政府関係者は見向きもしないが、ここには戦争体験を記録する活動を行う日本のNGOが招待されている。

マニラ市街戦では、当時のマニラ市人口70万人のうち、約10万人が亡くなった。その死者の過半数が日本軍の虐殺によるものだという。ま

さにこの非道な行為は、南京やシンガポール華人虐殺に匹敵する。だから、毎年の記念行事では、日本政府への賠償請求も訴えられている。だが、日本政府は今なおこの問題に沈黙するだけだ。モニュメントには以下のように刻まれている。

「この記念碑は、命を落とした何の罪もない全ての犠牲者に捧げられる。その多くは名前も分からないまま共同墓地に葬られ、中には戦火で灰になったり、廃墟の街に塵のように埋もれたりした犠牲者もいた。この碑を1945年2月3日から3月3日までのマニラ解放の戦いで亡くなった約10万人の男性、女性、子どもに幼子、全ての犠牲者を悼む墓碑としよう。私たちは彼らのことを忘れてはいないし、これからも決して忘れることはない」

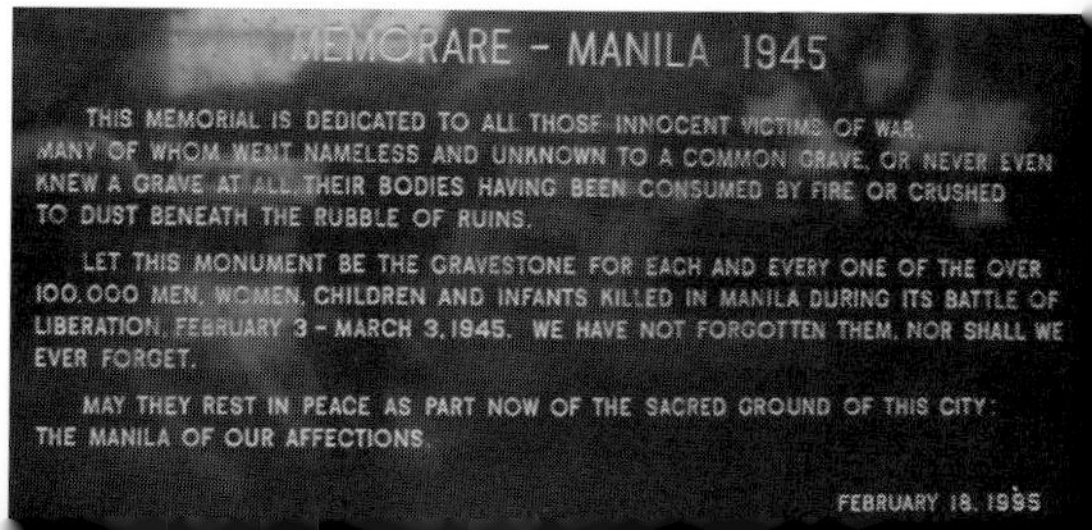

●激戦に耐えた旧パコ・ステーション

マニラ市街戦の最大の激戦地の一つが、旧パコ駅だ（国鉄新パコ駅は、約２００メートル離れている。写真下はかつてのパコ駅）。ここは、イントラムロスから1キロ少し南東の、キリシタン大名・高山右近像の前にある。

この駅舎内では、日本海軍第1大隊３００人が駅構内と周辺にトーチカを築き、機関銃座を敷いて米軍の激しい攻撃に対峙した。戦闘で周辺は焼け野原になり、駅舎内には内臓がえぐり出され、手足を吹き飛ばされた多数の兵隊が横たわっていた。そして、連合軍の総攻撃の前の45年2月7日、残存部隊はイントラムロスに向けて退却した。

前頁上の写真のように、駅舎の壁には大きな亀裂が入っているが、この建物は長い年月の風化にも耐えて、今なお健在だ。

この旧パコ駅は、マニラ市街戦でかろうじて残った遺跡として、かつ旧国鉄の史跡として今、保存運動が始まっている。

イントラムロスの東にある、市役所や中央郵便局なども、市街戦の激戦地であった。この中の市役所の建物は、砲撃で破壊され、今はないが、この記念の「市民会館」が保存されており、その前には記念碑が建てられている（写真上）。

●連合軍が最初に到達した　サント・トーマス大学

45年1月7日、リンガエン湾に上陸した連合軍は、各所で日本軍の抵抗を突破し、早くも2

月3日、マニラ市内に突入した。その市内の最初の地点が、サント・トーマス大学だ。

ここには、日本軍に抑留されていた約3500人のアメリカ民間人がいたという。米軍は、収容所を管理する日本軍の「安全撤退」を条件に5日、収容者を無事解放した。

サント・トーマス大学は、1611年に設立され、現存するアジアの大学ではもっとも古い大学だ。上の写真のように、威風堂々たる学舎が構内に立ち並んでいる。だが、その入口の右壁には、「42年1月3日から45年2月3日まで、1万人の米国人とその他の国民が抑留され、日本軍によって苦痛と厳しい肉体的屈辱のもとに置かれた」と記されている（写真下）。

●マニラ市内の二つの虐殺現場
——旧スペイン・クラブとラサール大学

今はカジノになっている旧スペイン・クラブでの市民虐殺は、NHKのアーカイブでも報じられた所だ。ここは、名の通り、スペイン人を中心とするクラブだ（写真下）。しかし、マニラ市街戦の最終局面、ここでも日本軍は国籍を問わず市民の殺害を行ったのだ。

マニラ海軍防衛隊司令部付の兵士であった西岡半一は、防衛隊の司令官がこの場所に避難している市民の全滅を命令したと証言——日本軍は、この建物の四方の入口に爆薬を仕掛け爆破し、驚いて出てきた市民を殺し、機関銃を乱射し殺害した。その中には多数の女性・子どもたちがいた——。

また、今はなくなっているが、ここに近いエ

ルミタ地区にあったドイツ・クラブでも、日本軍による大量殺害が行われた。

マカティ市の西に位置するデ・ラサール大学の虐殺は、事件の生存者の詳細な証言が残されている。フラシス・J・コスグレイヴ神父によると、45年2月12日、20人近い日本軍が建物に入ってきて、突然、士官の命令で刺殺を始めた。逃げ惑う市民の男も女も子どもも区別なく、36人が刺殺された。礼拝堂に逃げた者は、その中で殺された。刺殺を終えると、彼らは屍体を掠奪し階段の下に投げ込んだ（同書「マニラの悲劇」、

写真上は大学の礼拝堂に設置された銘板。「メモラーレ・マニラ」１９４５が主催する追悼式から）。

この他エルミタ地区では、市街戦の末期、日本軍によって４００人もの様々な国籍の女性たちが連行され、次々と強姦された「ベイビューホテル・集団強姦事件」が記録されている。

記録され、メモリアルが置かれた所だけを紹介してきたが、おそらくマニラ市内には、知られていない多数の祈念施設があるかもしれない。別章では、各地のこのメモリアルを紹介しよう。

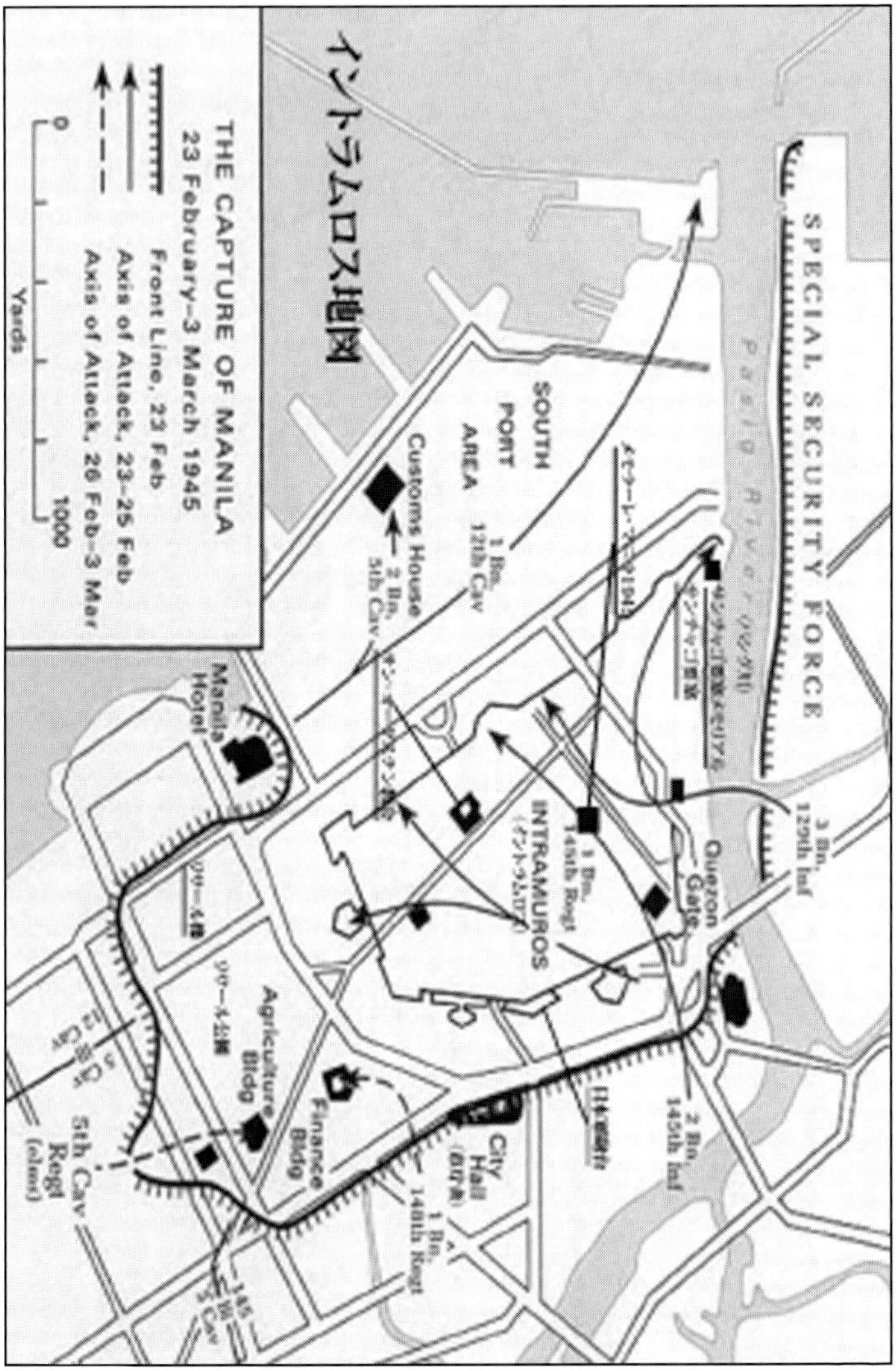
イントラムロス地図
THE CAPTURE OF MANILA
23 February–3 March 1945
Front Line, 23 Feb
Axis of Attack, 23–25 Feb
Axis of Attack, 26 Feb–3 Mar
0
1000
Yards
SPECIAL SECURITY FORCE
Pasig River
3 Bn. 129th Inf
Quezon Gate
2 Bn. 145th Inf
1 Bn. 145th Regt
INTRAMUROS
SOUTH PORT AREA
1 Bn. 12th Cav
Customs House
2 Bn. 5th Cav
City Hall
1 Bn. 148th Regt
Finance Bldg
Agriculture Bldg
Manila Hotel
5th Cav Regt (elms)

第2章　二度の戦争の激戦地となったコレヒドール島
――戦場がそのまま保存された世界で唯一の島

クロケット砲台の30センチ砲（コレヒドール島西）

●島の頭部・トップサイドに残る　３５０メートルの巨大兵舎

１９４１年から45年までのフィリピンでの戦争において、コレヒドール島ほど不幸に見舞われた土地はない。あの戦争では、フィリピンのどこにも見られない二度にわたる戦闘が行われ、それも島が崩壊するのではないかと思われる、激しい砲爆撃を伴う激戦地となったのだ。

この島は、おそらく、あの大戦の中では世界に唯一と言える「戦場が現存する島」だ。

島の中央部、トップサイドという台地はそれほど広くはない。そこには写真のように、全長３５０メートルの「マイルロング・バラックス」と言われる巨大兵舎跡が残されている。

４階建てであったというその天井は、ほとんど崩落しているが、建物や各部屋の骨格は残さ

れている。
建物の所々は、十数メートルにわたって完全に崩れているが、建造物

の全体は堅固な鉄筋コンクリート造りのためか、いまなお健在だ。

この兵舎群は、米軍沿岸防備隊の司令本部・下士官兵用兵舎・士官用兵舎・地下兵器工場などに使用されていたと言われる。１９４１年12月の時点では、兵員約１万３千人の米比軍が駐留していたという。

ここには、病院もあれば映画館もあった（写真下）。もちろん、教会もあり（写真上）、学校もあった。

このマイルロング兵舎の前に広がる運動場のような広場が、兵士たちの憩いの場であり（次々写真）、閲兵場でもある。今はこの周辺には、米軍の砲や機関銃などが展示されている。

島には、この場所以外にも、無数とも言えるような兵舎・建物が残されている。

次々頁の写真にあるのが、「ミドルサイド・バラックス」という兵舎であり、ここは兵舎の他、病院、サービスクラブと二つの学校があった。

これらの残存する建築物の全長は、約2キロにもなり、島全体がゴーストタウンのようだ。

その一つの建物内に入り耳を澄ますと、兵士たちの談笑が聞こえてくる錯覚に襲われた。

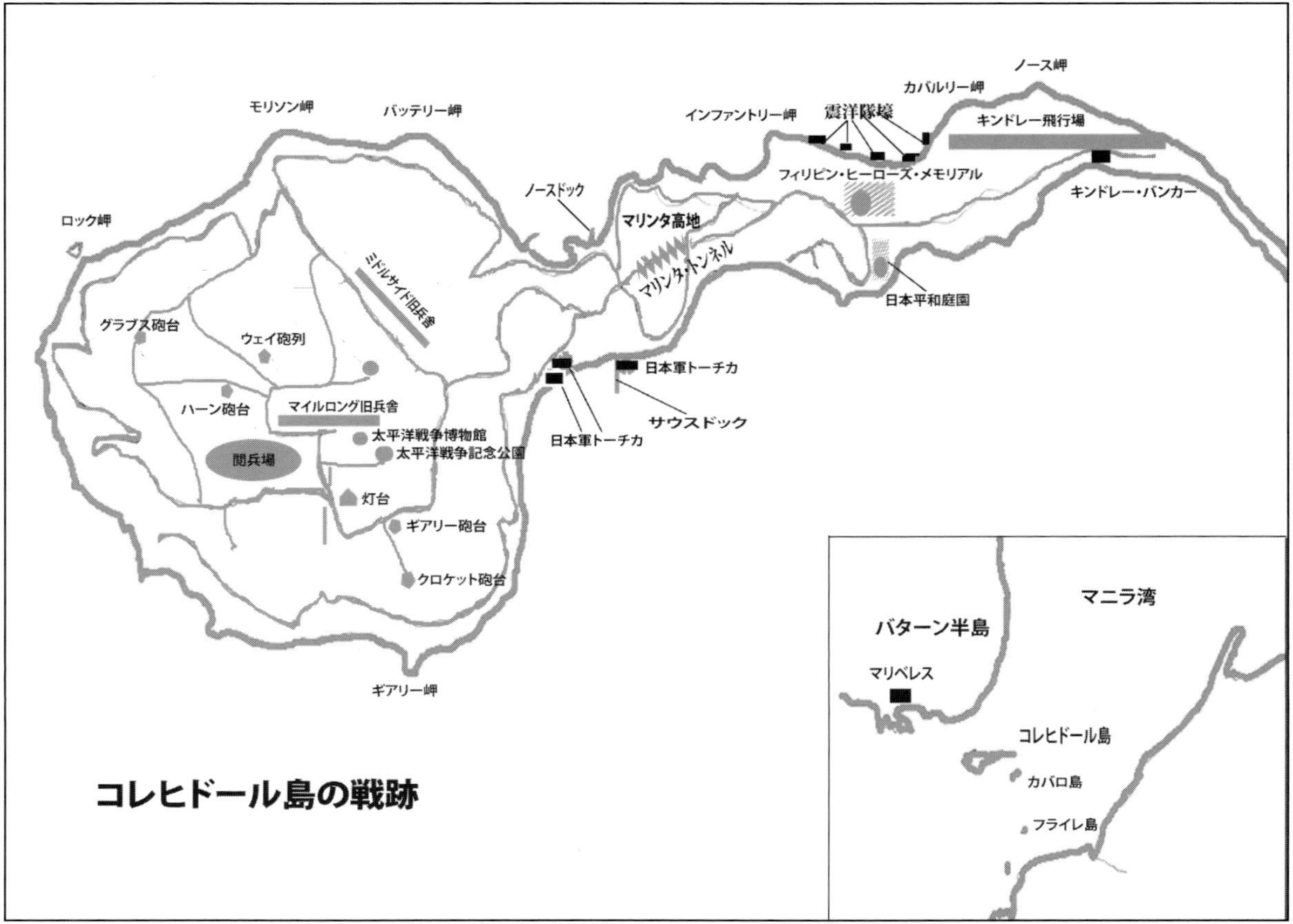
コレヒドール島の戦跡
ロック岬
モリソン岬
バッテリー岬
グラブス砲台
ウェイ砲列
ミドルサイド旧兵舎
ハーン砲台
マイルロング旧兵舎
閲兵場
太平洋戦争博物館
太平洋戦争記念公園
灯台
ギアリー砲台
クロケット砲台
ギアリー岬
ノースドック
マリンタ高地
マリンタ・トンネル
日本軍トーチカ
日本軍トーチカ
サウスドック
インファントリー岬
震洋隊壕
カバルリー岬
ノース岬
キンドレー飛行場
フィリピン・ヒーローズ・メモリアル
キンドレー・バンカー
日本平和庭園
マニラ湾
バターン半島
マリベレス
コレヒドール島
カバロ島
フライレ島

BROTHERS IN ARMS
IN THESE HALLOWED SURROUNDINGS WHERE HEROES SLEEP
MAY THEIR ASHES SCATTER WITH THE WIND AND LIVE IN THE HEARTS OF
THOSE WHO WERE LEFT BEHIND.
THEY DIED FOR FREEDOM'S RIGHT AND IN HEAVEN'S SIGHT
THEIRS WAS A NOBLE CAUSE.

●太平洋戦争記念碑と記念館

トップサイド兵舎群の広場の横には、現在、アメリカによって建てられた「太平洋戦争記念館」がある。ここには、往事を偲《しの》ぶ兵士たちの写真や米軍の武器・弾薬、日本軍の武器なども展示されている。

会館の前には、写真上のように、米軍兵士とフィリピン軍兵士が肩を組み、苦難をともにしたこと表す銅像が建てられ、米比の「勝利と友好」を象徴する場となっている。

しかし、この場所の中心は何といって

も、「太平洋戦争記念碑」だ。

会館の横の巨大ドームで囲まれたこのメモリアルは（前頁下写真）、その真下に円形の祭壇が設けられ、そこには「勇敢な兵士たちよ……深い海の静寂のなか、あるいは聖なる芝生の床で安らかに眠りたまえ、神が諸君を目覚めさせるまで」という文字が刻まれている（写真上）。

１９４１年12月、日本軍がフィリピンに侵攻してきたとき、米国極東軍最高司令官であったマッカーサーは、コレヒドール島に立て籠もった。だが彼は、コレヒドール島、バターン半島が陥落する前に「I SHALL RETURN」という有名な言葉を残しながら、魚雷艇で島を脱出してしまった。

そして彼は、45年10月、今度はその汚名を取り戻すべく、フィリピンに再上陸したのであった。

その彼を記念

コレヒドール島北岸からのバターン半島のマリベレス

する大きな銅像が、島の北部ドックの近くに建てられている（写真右頁下）。

上は島の北岸の船着場、右はその近くの貨車のレールが残るノースドック

●米比軍・日本軍の地下要塞となった　マリンタ・トンネル

コレヒドール島は、その形から「おたまじゃくし」にたとえられる。その頭の部分がトップサイド、ミドルサイドと言われ、頭と尾をつなぐ部分をボトムサイドと言う。ここは海抜十数メートルしかない低地であるが、ここから東に少し行ったところにマリンタ・トンネルという地下要塞がある。

この要塞は、１９２２年に造られ、もともと戦略兵器の貯蔵庫として設計されたという。ところが、日本軍の侵攻とともに、米比軍の司令部（比大統領も避難）かつ要塞となり、米軍敗退後は、今度は日本軍の要塞となったのだ。

マリンタ・トンネルの特徴は、山の地下に縦横に掘られたトンネル群だ。下にその図がある

マリンタ・トンネル西入口とトンネル内（下）

が、この中央には、東西282メートルの長さのメインのトンネルがあり、ここには当時、トンネルと栈橋を結ぶ貨車が走っていた（写真左）。

このメインのトンネルからは、北側に13、南側に11の横穴が掘られ、この平均の長さは約50メートル、幅は4・6メートルであった。

これらの横穴は、次頁に見るように、地下司令部、病院、通信所などに使われていた。

トンネル争奪をめぐる 日本軍の上陸と玉砕

1942年4月、バターン半島が陥落した後、日本軍のルソン島占領は、コレヒドール島を残すのみとなった。マニラ湾の防壁であるここの攻略は必須となったが、日本軍はこの島の要塞を必要以上に恐れていた。というのは、あのバターン半島攻略戦において、連日、マリベレスの山越えで撃ち込まれる、超巨大砲の威力を見せつけられていたからだ（火野葦平著『フィリピ

ンと兵隊』などに記載)。

だから日本軍は、コレヒドール島上陸前に、後の米軍のサイパン上陸作戦並みの砲爆撃を、同月20日から開始、特に29日には5千発の砲弾を対岸のマリベレスから発射した。

このとき米比軍は、マニラ湾要塞司令部傘下の重砲兵連隊他5個連隊を編成、30センチカノン砲、30センチ臼砲など30数門、高射砲20数門、

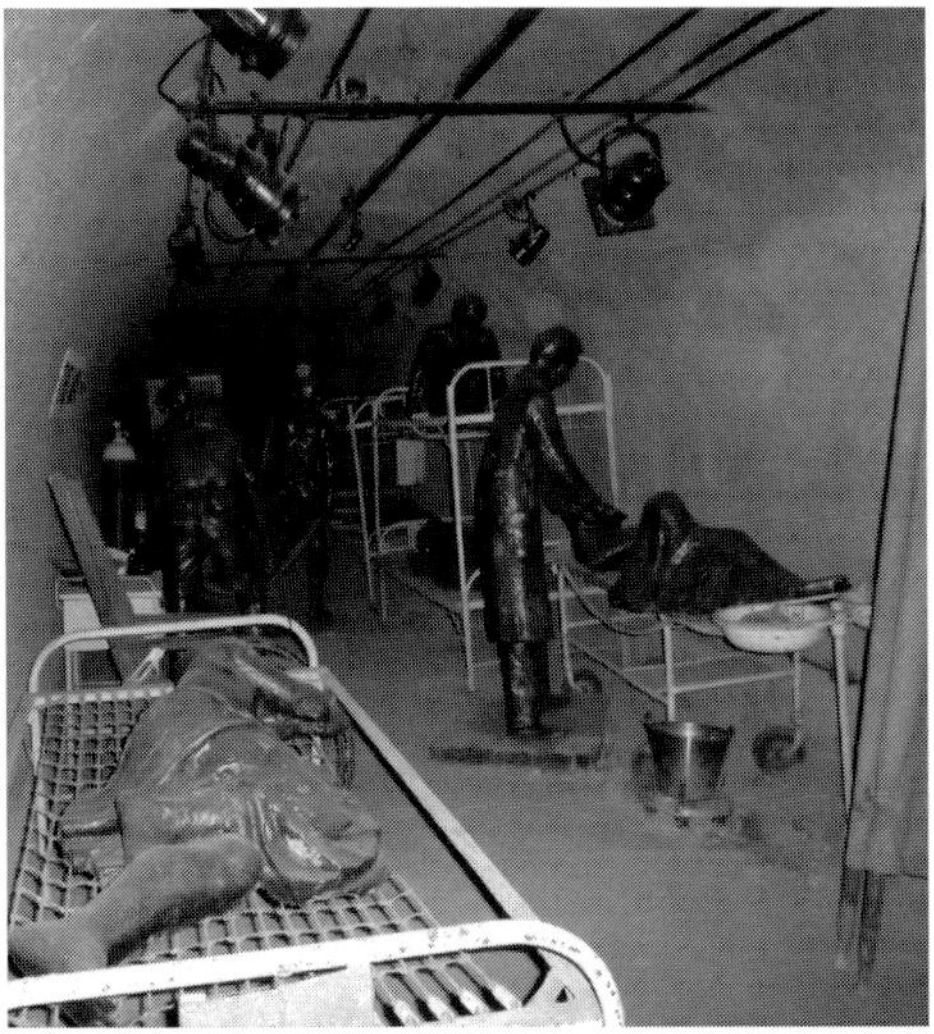

トーチカ25個などで防御し、マリンタ・トンネルに司令部を置いていた。
これに対し日本軍は、5月4日から上陸支援砲撃・支援爆撃を開始し、5日、同島北のインファントリー岬(東)に、翌日には主力がモリソン岬―バッテリー岬(西)に上陸した。東海岸の部隊は米比軍の激しい抵抗を受け、上陸部隊の2分の1弱、約900人の死傷者を出した。
だがすでに、日本軍の砲爆撃により、米比軍

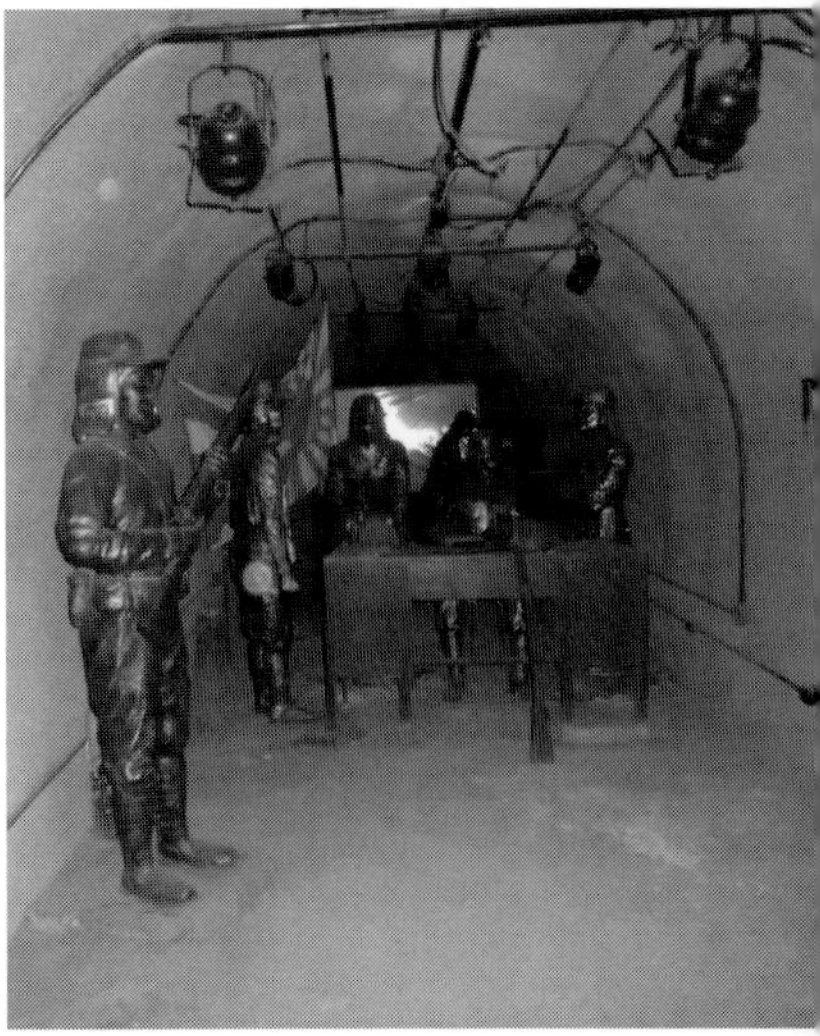

の重要施設は破壊され、機能停止していた。

こうして6日正午、米比軍陣地から白旗が上がり、次いで軍使が現れ、降伏が伝えられた。日本軍は直ちに全島を占領した。

同島占領後日本軍は、米軍の侵攻に備えて板垣昂大佐指揮下のコレヒドール海軍防衛隊4500人を編成し、44年からはこれに海軍の魚雷艇隊と震洋隊（特攻隊）が配置された。

米軍の再上陸とマリンタ・トンネルでの攻防

そして、1945年、米軍のフィリピンへの再上陸後、コレヒドール島─マリンタ・トンネルは、再び日米軍の激戦の地となった。

同年1月22日から米軍は空爆を開始、約3千トン以上の爆弾が投下されたという。2月10日からは艦砲射撃が始まり、コレヒドール島への上陸が迫ってきた。

そして、2月16日、米空挺連隊の約2千人が島のトップサイドに急襲降下し、日本軍の指揮中枢を占領した（日本軍は米軍の砲爆撃で地下に避難）。また翌日、連合軍部隊が南岸に上陸し、マリンタ高地を占拠、日本軍を東西に分断した。この最初の奇襲攻撃のあった日に、コレヒドール海軍防衛隊の指揮官・板垣大佐が戦死した。

日本軍は、米軍の上陸を警戒していたにも関わらず、空挺部隊の奇襲の前に指揮中枢と背後を突かれ、組織的戦闘の間もなく敗退する。

こうして最後に、マリンタ・トンネルに立て籠もった日本軍は、同月21日、トンネル内の機雷を爆発させ、これによる混乱に乗じて切り込む作戦を採ったが、トンネル入口が閉塞されていたため、機雷の爆風が逆に流れ、切り込み隊の大半が自滅するという悲劇にみまわれた。

このときトンネル内には、砲弾3万5千発、小銃弾など２００万発、迫撃砲弾8万発、手榴弾９万３千発などが保管され、爆発によりその開口部や空気取り入れ口から激しい炎が吹き出し、夜空が赤々と照らし出されたという。

土砂に埋もれているトンネルの一部

こうして、同月24日、日本軍残存兵約８００人は、米軍への最後の切り込み作戦に出るが敗退した。孤立した部隊は米軍の攻撃を受け、モンキー岬（キンドレー飛行場南）の弾薬庫を爆破し壊滅した。米軍は3月2日、戦闘終了を宣言した。この戦闘での日本軍の戦死者は、４千４９７人、捕虜19人、防衛隊のほとんどが戦死し、アジア・太平洋戦争の中でも、もっとも悲惨な戦いとなった。また、米比軍の戦死者は２２８人、死傷者の合計も約９００人を数えた。

トンネルの北側出口の一つ

このときの爆破で、マリンタ・トンネルは、ほとんど土砂に埋もれてしまった。

しかし、戦後、コレヒドール島を「歴史公園」として開発したフィリピン政府によって、トンネルは修復され、今ではこの地での激しい戦闘を物語る、歴史教育の場となっている。

トンネルの横穴には、すでに見たように、病院や通信室、日本軍の司令部などが、等身大の人形や武器などとともに配置され、そして「光と音のショー」という、戦闘の様子を再現した迫力のあるショーが、ナレーションを加えて催されている。

これは、コレヒドール島ツアーのメインともいうべきショーになっている。

●無用の長物となったクロケット砲台

コレヒドール島のおたまじゃくしの頭部の部分は、島の中でも特に戦跡の宝庫だ。その入口にかかる道路を行くと、「ウォー・メモリアル・ゾーン」の看板が目につく（写真下）。

そこから、島の南へ下った所にある砲台が、

バッテリー・クロケットである。ここには砲はもとより砲台・弾薬庫・指揮所など全てが保存されており、建物は崩落から、かろうじて免れている。
この砲台は、設置された位置（南向）も問題だが、肝心の砲座の全周回転ができなく、実際は「無用の長物」であったという。
*写真下は、クロケット砲台の弾薬庫・指揮所など。次頁はその30センチ砲の2門。最大射程約1万5千メートル。

●日本軍を震撼させたウェイ砲列

バッテリー・ウェイは、コレヒドール島の砲台の中でも、もっとも迫力のある砲台だ。砲台は、ちょうど島の中央部に置かれている。

写真のように、ここにはドラム缶をひっくり返したような巨大な砲口が、4門も控えている。

砲台は、42年4月に至るまでの、バターン半島に立て籠もった米比軍のその支援のために、日本軍との激しい砲撃戦を交えた。その地響きがするような砲撃の音に、日本軍の兵隊たちは生きた心地がしなかったという。

この、まさに臼のような30センチ臼砲《きゅうほう》は、360度の回転が可能であり、最大射程は約1万4千メートルだ。この砲台の周囲には、指揮所・弾薬庫・兵舎などが多数あるが、それらの建造物も風雨に耐え、しっかり残されている。

上はウェイ砲列の指揮所

●2万6千メートルの射程を誇るハーン砲台

コレヒドール島の頭部の、中央部に近い位置、バッテリー・ウェイの西、約250メートルの所に設置されたのが、バッテリー・ハーンだ。

この砲台は、バッテリー・ウェイ、あるいは後に述べるバッテリー・ギアリーと同様、同島砲台の主要な一つである。

置かれているのは30センチ砲一つだが、この砲台も360度の全方位砲撃が可能である。

この砲の最大の特徴は、その長大な射程だ。最大射程2万6千メートルというから、砲弾はここから約4キロほどのマリベレスはもとより、マリベレス山を越え、その麓の周辺に築かれていた日本軍陣地にまで達したであろう。

写真にはないが、この砲台から西へ100

メートル少しのところにある、バッテリー・スミスも同じ射程距離を有している。

コレヒドール島の砲台は、この他にも、バッテリー・ウィラー（30センチ砲2門）、バッテリー・チーニー（30センチ砲2門）、バッテリー・グラブス（25センチ砲2門）などがある。41年12月当時には、同島と周辺の島々には、56門の沿岸砲と臼砲を有する23砲列が配置され、3インチ高射砲など48門他の砲列も編成されていた。

しかし、その多くは、今や年月とともにジャングルに蔽われつつある（写真上はハーン砲台、右頁下は砲撃による爆発跡）。

●日本軍の直撃を受けたギアリー砲列

41年4月29日以後、日本軍はコレヒドール島上陸に向けて、激しい砲爆撃を加えたが、5月2日正午、その砲弾はバッテリー・ギアリーの弾薬庫を直撃した。

この直撃による爆発によって、ここでは数トンの兵器が吹っ飛び、その衝撃は同島を揺るがし、弾薬の一部は約150メートル離れたゴルフ場まで飛んできたという。

そして、この爆発によってバッテリー・ギアリーの砲手など27人が全員即死した。

バッテリー・クロケットから北へ100メートル少しの距離にあるギアリー砲列には、今も直撃を受けた砲の残骸が横たわっている（写真左頁）。山の斜面を利用して造られた砲台には、直撃で潰された砲も残っている（写真下）。

＊バッテリー・ギアリーは、30センチ臼砲8門、最大射程約1万4千メートル。

バターン半島の日本軍にもっとも効果的打撃を与えた砲列の一つ。

●保存されたサウスドックと知られざるトーチカ

コレヒドール島の南岸は、ビーチがとても美しい。ビーチを囲む海も空も、遠くまで澄みわたっている。

早朝、散歩していると、幾人かの村人に出会ったが、かつてサン・ホセ地区と言われ、学校や映画館で賑わっていた街は、今はない。

周辺には少しだけ住宅が建っているが、ほとんどがホテル関係者のようだ。この岬を回った入り江には、高級バンガローも建っている。

この南岸にある桟橋が、サウスドックと呼ばれ（写真左）、北岸のノース・ドックとともに戦前から使用されていたものだ。

このサウスドックを一見して驚くのは、島の戦跡を残そうというフィリピン政府の意思だ。

およそ数十メートルの長さの桟橋は、全体が数十本の鉄筋コンクリートの支柱で支えられているが、近づくとほとんどがボロボロに崩れている。この崩れた、崩れかかった支柱をカバーして、すべての支柱にコンクリートの補強がなされている（写真左）。

このサウスドックは、一般の戦跡ツアーでは遠くから見るだけだ。実際、ツアーの参加者で近づいて見ているものは全くいない。

だが、この桟橋の上だけでなく、桟橋の下をくまなく観察すると、桟橋の下に二つの穴のあるコンクリート製の建造物があるのが分かる（次々頁写真）。その桟橋下から中に入ってみると、両側に二つずつの「窓」が開いている。「窓」は、建造物内から両側のビーチを見渡すように設計されている。

この造りは、明らかにトーチカだ。内部の高

さは約1・5メートル、奥行きは約3メートル、横幅は2メートルと決して広くはない。しかし、コンクリート壁の厚さは、20センチもある。

コレヒドール島ツアーはもとより、米軍関係の案内にも記載されていないこのトーチカは、おそらく日本軍のトーチカだろう。壁のコンクリートが薄いのが気になるが、グアムなどの日本軍トーチカは、これとほぼ同様の造りだ。

この完全な形で残されているトーチカの横に、もう一つのトーチカがあるようだ（次々頁写真）。というのは、ここは内部がほとんど砂浜に埋もれており、掘り出さない限り確証は持てない。しかも反対側は、コンクリートで封鎖されている。

このような、貴重な戦跡を、なぜきちんと保存しないのか？　崩落するのにまかせているのか？　あえて厳しい推測をするならば、この戦

跡が、「日本軍関係のものであるから」と言わざるを得ない。
コレヒドール島は、米比軍の「戦勝メモリアル」であるから、客観的な戦跡保存や紹介を求めるには無理があるかもしれない。
このサウスドックからビーチ沿いを西の方へ歩くと、さらに2カ所のトーチカが現れる。一つは入口を含めてほとんど崩落しているが（次々頁写真下）、もう一つは、完全な形で残されている（写真左）。
海岸線からおよそ10メートル、海岸にせり出した崖の草をかき分け、数メートルぐらい上がっていくと、鉄筋が剥き出しになった長方形の横穴が見える。そこから入って行くと、内部は思った以上に広い。いくつもの部屋があり、海側には銃眼が付いている（部屋の壁には、落書きが描かれているから、この場所は住民には知られて

いるようだ)。

特徴的なのは、奥まった部屋から地上に繋がる階段(退避口)があることだ(前頁下写真)。このトーチカの形状は、筆者が見てきたグアム・サイパンや本土決戦のための北海道のトーチカには、全く見られない。この形状に近いのが、三浦半島三戸海岸にある砲台だ。この地にはいくつもの砲台跡が残されているが、いずれも本土決戦用に日本軍によって造られたものだ。

これらの特徴の一つは、地形を利用し山の斜面にコンクリート造りの砲台が設置されていることだ。砲台であるから間口は広く開けてあるが、内部はいくつもの部屋に分かれている。そして、その特徴を示すものが、この中に造られた退避するための階段だ。これは部屋の両側から山腹に退避するように出来ている。

この日本軍の砲台の造りと似ていることから、このトーチカは紛れもなく日本軍のものである。おそらく、このトーチカが通常の日本軍のトーチカと異なるのは、造られた年代が古いためかもしれない(日本軍のそれは、通常はベトン製トーチカと言い、コンクリート壁の厚さは1〜2・5メートル)。

ただ、このトーチカが南岸から上陸してきた米軍に対して、どのような有効な攻撃を行ったのか、という記録は全くない。

●島の北部海岸線に設営された震洋隊の基地

コレヒドール島戦跡ツアー（英語）では、ノースドックの東の、道路沿いに見える岬の手前の洞窟が、日本軍の特攻隊・震洋隊の基地の一つであると紹介される（次々写真）。

洞窟は、海岸線に沿って歩いて行けるから筆者はこの場所に行ってみた。ところがこの洞窟は、奥行きが約3メートルしかなく、一見して「震洋」のボートは入りきらない。たぶん、ここは震洋隊の基地としては、建造途中のものだ。

日本軍の戦史によると、コレヒドール島には6個隊200隻の震洋隊員約千人が配属されていたというから、筆者は南北の海岸線をくまなく探し回ってみた。しかし、歩いて行ける場所には、それらしい洞窟は見あたらない。

ところが、初回に島に渡ったときには悪天候で気付かなかったが、二度目に島に渡ったときには、この震洋隊の洞窟が船からいくつも見えたのだ。

震洋隊の基地は、前頁写真にあるように、コレヒドール島東のおたまじゃくしの尾の部分、ちょうどキンドレー飛行場北の、海岸線に配置されていた。その数は、船からみえるだけで7～8個はある。たぶん、震洋隊員の人数からして、さらに東にもあるだろうし、島の南側・西側にもあると思われる。

この一帯は、いずれも高い崖になっているから、徒歩で行くのは危険である。

さて、この約千名の震洋隊は、米軍のコレヒドール島上陸作戦にどう対したのか？

米軍の記録によると、マリベレス付近にいた米艦船に対してコレヒドール島から震洋隊30隻が出撃し、米救護船3隻が攻撃され、沈没したとされている。生還した震洋隊は、なかったという。

では、その他の170隻にのぼる震洋隊はどうしたのか？　記録によると、これらのボートは、米軍の上陸戦闘前の砲爆撃でほとんどが破壊され、最後に残ったのものが、マリベレスに出撃した第12震洋隊だけであったとされる。

震洋特攻隊とは何であったのか？

コレヒドール島に配置された震洋隊とは、言うまでもなく、あの回天、桜花《おうか》、蛟龍《こうりゅう》、伏龍《ふくりゅう》などと同様の特攻兵器であり、特攻隊である。

　これらの特攻兵器は、日本軍の敗退が明らかとなった1944年ぐらいから日本海軍が、「決戦兵器」として開発したものだ。

　ところが、震洋に見るように、この兵器は生還を全く予定しない単なる非人間的な兵器というだけでなく、兵器自体がお粗末としかいえない代物であった。

　ベニヤ製のボート（写真参照）に、自動車のエンジンを搭載し、その頭部に250キロの炸薬を取り付け、艦艇に突っ込み、自爆攻撃するというものだ。

　この震洋に乗せられたのは、大半が予科練出身の17～18歳にも満たない少年たちであり、「海」にも「船」にも縁がなかった者たちだった。

　日本海軍は、この秘密兵器を「④金物」と呼

び、陸軍のそれ（マルれ）と合わせて「マル八」と呼んだ。

　これらの特攻兵器は、約6千隻が急造され、フィリピン、沖縄などに急遽配備された。

　とりわけ、フィリピンでは、米軍のリンガエン湾上陸が切迫する中、陸軍の海上挺進隊約80隻（漁撈隊・マル八、後述）をリンガエン湾に配備する他、マニラ湾に震洋隊、海上挺進隊他70隻、さらに上陸予定地点のルソン島南部沿岸一帯にも、多数の震洋隊・海上挺身隊が配備された。

　しかし、いずれの特攻隊も、戦果をあげることなく、あるいは全く出撃することもなく（マニラ湾・南部配備部隊）、最後は地上戦に投入されたのだ（武器の扱いも不慣れな兵隊として）。

　これは、後述する「カミカゼ特攻隊」と、ほとんど同様の非人間的な「自爆」兵器であった。

●キンドレー飛行場跡に残るバンカー

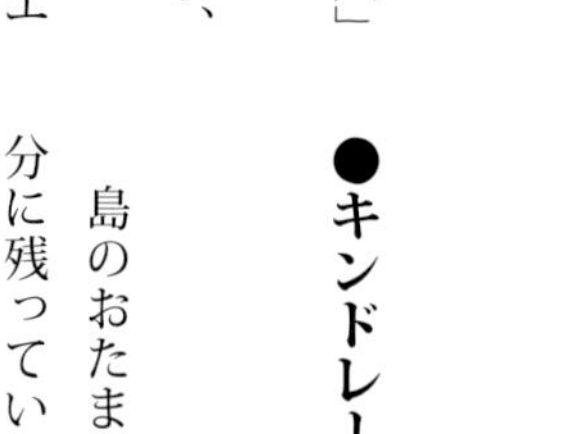

　島のおたまじゃくしの尾の部分に残っているのが、米軍のキンドレー飛行場である（写真左頁）。ここには滑走路の横にバンカーが残っている（写真左頁下）。この壕はおそらく米軍が使用したものだろう。あまり知られていないが、飛行場もバンカーも、コレヒドール島戦跡の一つとして訪れてみるといい。滑走路の下は、写真のように切り立った崖になっている（右は上空からの飛行場）。

●フィリピン・ヒーローズ・メモリアル

島のおたまじゃくしの、尾の中央部の丘に建てられているのが、フィリピン・ヒーローズ・メモリアルだ。この位置は、マリンタ・トンネルの東の入口から、およそ1キロ弱ぐらいだ。

入口から階段を上り広場に入ると、中央部にフィリピン国旗が掲げられ、その前に銃を担いだ兵士の像が立つ。その土台には、金属板が置かれており「自由と解放のために、いかに死んだらよいかを知るフィリピン人に捧げる」と書かれている。

広場には、周りを囲む形で、フィリピンの抵抗の歴史が14個のレリーフで描かれている。その一つが、第2次世界大戦、フィリピン戦のレリーフであり（写真左下）、日本軍と戦うフィリピン軍の英雄的姿が描かれる。

レリーフの中央の建物は、展示館となっている。中には、日本軍によるフィリピンの占領と迫害・虐殺などの、多数の絵が展示されている。日本に投下された原爆の絵もあり、戦争の悲惨さも伝えられている。

このフィリピンのメモリアルは、トップサイドにあるアメリカの太平洋戦争記念館ほどの豪華な造りではない。しかし、フィリピン民衆の、長い植民地支配への抵抗と、解放への闘いの苦難の歴史が伝わってくる。

WORLD WAR II
1941-1945
DOUGLAS MACARTHUR

●「日本平和庭園」の慰霊碑

このフィリピン・ヒーローズ・メモリアルから、約300メートルほど南に下った所にあるのが、通称「日本平和庭園」である。入口の看板には、「ジャパニーズ・メモリアル・ガーデン」と書かれている。こちらが正確な呼称だろう。

この割と広々とした庭園には、いくつかの慰霊碑と墓、そして海を見下す崖の近くには大きな「慈母観音像」がそびえ立つ（写真左頁下）。

そして、庭園の海を眺望する広場には、何と、日本海軍の高角砲4門が備え付けてある。どのような理由でこの日本海軍の兵器が置かれているのか、全く分からないが、「平和庭園」にはふさわしくない。

しかも、この島は、日本軍が侵略した土地である。その島に、慰霊碑はともかく、日本軍の兵器などを置いて、戦争への何らの反省の言葉もないのは、「礼儀知らず」としか言いようがない。

サイパン、テニアン、グアムを始め、日本軍が悲惨な戦争を行った地域に例外なくこうした日本軍の兵隊たちの慰霊碑が建てられている。

日本平和庭園の慰霊碑（上）と慰霊塔（写真右頁上）

もちろん、これらの慰霊碑が、現地の人々の理解を得て建てられている限り、了解できる。しかし、中には「忠魂愛国の碑」や「大東亜戦争記念碑」などというものも、建てられているのだ。かつての戦争被害国での、「慰霊」のあり方が問い直されるべきだろう。

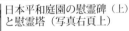

●カバロ島・フレイル島（軍艦島）の玉砕

日本軍は、コレヒドール島周辺の島々にも、マニラ湾の防御態勢を敷いた。

コレヒドール島の尾の部分から（写真下はコレヒドール島全景）1キロにも満たない所にカバロ島がある（写真左頁上）。この島は、コレヒドール島のほとんどの位置からもよく見える、手に届くような距離だ。この島に日本軍は、400人の部隊を配置した。

しかし、部隊は、コレヒドール島陥落後の3月27日、米軍の上陸に遭い、4月9日に自ら砲台などを爆破し、この数日後に掃討された。

コレヒドール島から南へ約10キロ、マニラ南西部のテルナテ沖から数キロの所に浮かぶのが、フレイル島だ（写真左頁下）。この島に日本軍は35人を配置したが、驚くことにこの部隊の全員がシブヤン海で撃沈された戦艦武蔵の乗組員であった。

フィリピンの戦争では、米軍に撃沈されて艦を失った日本海軍の乗組員が多数いたと言われるが、武蔵の乗組員と同様、陸戦に不慣れな水兵たちの多く

は、米軍との激しい戦闘に組み込まれ、あるいは凄まじい飢えの中で、無残にもジャングルで死んでいったのだ。

このフレイル島は、3月25日に陥落した。ところで、この島はまた、「軍艦島」とも呼ばれている。島全体が、あたかも軍艦のように防備され、要塞化されているからだ。

前頁下の写真のように、今でも砲台ごと残されている（左の写真は、上がマリンタ・トンネルで降伏する米軍兵士たち、下はトップサイドに降下する米空挺部隊）。

●コレヒドール島の案内

二度にわたる激しい戦争に見舞われたコレヒドール島――戦争終了直後、ここには「生物は一つとして存在しなかった」と言われた。これは誇張ではない。米軍の砲爆撃直後の日本兵の手記にも、瓦礫の岩山を駆け回る兵隊たちの姿が描かれている。

それから71年、今コレヒドール島は、溢れんばかりの緑に蔽われ、木々が高くそびえ立つ。森には、野生の猿たちが戯れ、鳥の鳴き声も響く。山々に一歩入ると、そこは人も通れないジャングルである。

あのような破壊に遭ったコレヒドール島の自然環境が、このように回復するとは、誰も想像できなかっただろう。自然の回復力のすごさに圧倒される（写真下は、トップサイド付近から島の

おたまじゃくし方向。水平線にはマニラが見える）。

コレヒドール島へ行くには

コレヒドール島へは、現地の日本のツアー会社が「1日ツアー」を企画している。しかし、費用を節約したい人は、現地のサン・クルーズ社へ直接申し込める。同社のサイトから申し込みができるが、この場合、多少の英語が必要だ。

日本のツアー会社の場合、島内では日本語の戦跡ガイドがあるが、サン・クルーズ社へ直接申し込む場合、ガイドはすべて英語になる。だが、ここでの戦いへの多少の知識があれば、それほど不自由はない。

しかし、この戦跡ツアーでは、本文に紹介したように、有名な場所しか巡らない。天候によっては、もっと縮小する場合もある。したがって、

この膨大に保存された戦跡を訪れる場合、筆者は1～2泊の行動を勧める。1日目はツアーで、翌日は単独で……。

島には、コレヒドール・インというホテルもある。ちなみに、筆者の泊まった5月の連休明けは、宿泊者唯一人という優雅な旅であった。

コレヒドール島へは、マニラ市内の「マニラ・ヨット・クラブ」近くの「マニラ・サン・クルーズ」の桟橋から1日1便、日によっては2便が運行されている（写真上）。島までは約1時間半の船旅で到着。到着すると、ツアーバスが待ち構えている（写真左）。

フィリピンの人々ばかりか、欧米の観光客まで、ツアー客は多彩だ。

最近は日本人のツアー客は少なくなったようだが、フィリピンを訪れるとき、ここはまず見逃せないだろう（写真右頁は、トップサイド近くにある新旧の灯台）。

第3章　バターン半島――「死の行進」の街道を歩く

――フィリピン戦争のもう一つの激戦地・バターン半島

カパス・ナショナル・シュラインの塔

●「死の行進」の起点
――マリベレス・ゼロ地点

毎年4月9日は、フィリピンでは休日だ。この日は、「勇者の日」(以前は「バターン・デー」「コレヒドール・デー」)と呼ばれ、いくつかの記念行事も行われている。

言うまでもなくこの日は、バターン半島に立て籠もった米比軍が、日本軍に降伏した日である。言い換えるとこの日は、米比軍、フィリピンの人々が、日本軍の侵攻と占領に血を流して抵抗した日であり、「死の行進」で膨大な死者を出した日でもある。

すでに述べてきたが、筆者にはマニラ市街戦やその中での日本軍による殺害の犠牲者が、しっかりと追悼されていないように思われる。だが、これに比べれば「死の行進」の犠牲者たちは、充分に尊重され、追悼されている。

おおよそ7万6千人の米比軍の捕虜が投降し、そのうちの1万人以上がなくなったという「死の行進」の始まりは、バターン半島の最南端マリベレスだ。

その出発地ゼロ地点は、マリベレス市内に入る川の手前の一角に置かれている。そこには、米比の国旗がたなびき、金属製の記念碑がある他は、「死の行進」のゼロ地点を示す、標識がある

だけだ（写真右・上）。
この標識は、高さが約1メートルで「死の行進」の兵士たちの苦難の図が描かれており、標識の下部には、そこが「00」メートル地点であることが示されている。
そして、標識は、このゼロ地点を出発点として、「死の行進」の終了地・カパスまでの間に、1キロメートル置きに道路の脇に建てられている。
次頁の写真が、

マリベレスの港、向こうに見えるのはコレヒドール島

マリベレスから1キロ地点の標識であり、下の写真が68キロ地点ラヤックの交差点にある標識だ（バターン半島の付け根）。これは、バターン防衛戦のモニュメントの前に置かれている。

「死の行進」の起点、ゼロ地点は、もう一つある。それは、バターン半島西側の町バガックだ。次頁上の写真のように、ここにもゼロ地点であることを示す標識が建てられている。

実際は、米比軍の兵士たちはマリベレスを起点として行進したものよりも、ここバガックから行進したものの方が多いと言われている。

次頁下の写真が、バガックからの21キロ地点を示す標識であり、この地点はサマット山の麓の位置でもある。

なお、このバガック・ゼロ地点からの標識は、半島を東へ横切り、マリベレスからの標識とバランガで合流する。

バランガは、バターン半島のくびれたところ、半島の東に位置し、この地方の中心都市である。

●バターン半島での日本軍と米比軍の戦い

バガック・ゼロ地点の標識

ここで、バターン半島での日本軍と米比軍の戦いを簡潔に紹介しよう（詳細は別章）。

１９４１年12月８日、この日は日本の真珠湾攻撃の日として知られているが、アジア・太平洋でも日本軍は、フィリピン、マレー半島などで開戦し攻撃態勢に入った。

開戦とともに８日、日本軍は、台湾から攻撃機を発進させ、フィリピンのクラーク基地などの主要航空基地などを空爆し、またたくまに制空権を確保した。

こうした制空権を確保した上に、日本軍第14軍の兵力約６万５千人は、第48師団が12月22日、リンガエン湾に上陸、第16師団が同月24日、ラモン湾（ルソン島南東部）に上陸したのだ。

この上陸地点での米比軍の抵抗を排除した日本軍は、特にリンガエン湾に上陸した部隊は、ルソン島中部地区に集結した米比軍４～５師団

と対峙し、これを打ち破って、早くも翌年1月2日にはマニラを占領した。

このわずか10日で首都が占領された原因は、日本軍と米比軍の戦力比もさることながら、マッカーサーが「マニラ無防備都市宣言」を行い、早々とその戦力の全てをコレヒドール島とバターン半島に集結した結果である。つまり、マッカーサーは、フィリピン防衛をこれらの拠点での長期持久戦としたわけだ。

日本軍は、この二つの拠点に孤城した米比軍との戦いを徹底的に軽視した。このため上陸部隊の主力である第48師団を、ジャワ作戦のために転用するという愚かしい選択をしたのだ。そして、現役師団ではなく補充兵部隊である第65旅団を、バターン半島戦に投入するとした。また、この旅団は、1月20日にはマリベレスに到着――勝利という恐るべき予想をたてていた。

だが、バターン半島の米比軍兵力は、強力であった。駐比米師団第1、第31師団などの他、戦車2個連隊などで合計約7万人、戦車約40両を配置し、サマット山―マリベレス山付近に堅固な複郭陣地を造っていたのだ。そして、コレヒドール島に陣取った砲兵隊は、バターン半島の米比軍を徹底的に支援した。

同年1月7日、第65旅団は、バターン半島への米軍への「追撃戦」に打って出た。ところが、サマット山北東麓付近までに到達したところで、米比軍の激しい砲撃を受け、死傷者が続出した。この間、戦線は膠着し、2月8日、日本軍は攻撃中止を決定したのだ。この期間の第65旅団の死傷者は、1千852人（旅団人員6千587人中戦死者は701人、開戦以来の戦死者の半数）に達した。

師団の増強と砲兵隊の増強による再攻撃

こういう中で日本軍は、２カ月間かけて戦力の増強を行った。２月８日には、第４師団の増派を決定し、砲兵部隊は24センチ榴弾砲などの重砲を含む３個連隊を大増強、そして、重爆撃機を含む１２８機の航空支援を決定した。

こうして、バターン半島再攻略戦は、４月３日に再び始まる。日本軍砲兵隊の約３００門の砲が、１００機の重・軽爆撃機の航空部隊の爆撃と相まって、サマット山北西山麓の米比軍陣地を完全制圧した。

そして、直後から第65旅団・第４師団の歩兵が攻撃前進を開始、この圧倒的な航空優勢・砲撃の中で、４月９日、マリベレス山一帯を占領。12日までにバターン半島の米比軍は降伏した。

マリベレスから 78 キロ地点

「死の行進」の開始

日本軍が米比軍の降伏を宣言し、マリベレスを占領したとき、米比軍の捕虜は約７万人を数えた（比軍６万人、米軍９３００人）。ところが、この捕虜たちは、ほとんどが何の食糧も持たず、数カ月の間も飢餓の状態にあり、また大半はマラリアなどの病気に罹患していた。日本軍は、この膨大な捕虜をサン・フェルナンドまでの102キロの距離を徒歩3日間で、その先は貨車で輸送するという無謀な計画を実行した。

この時期は、フィリピンでもっとも暑い乾期の4月中旬、炎天下の気温は40度を超える。

しかも、予想を超える捕虜に遭遇した日本軍は、彼らへの食糧補給が破綻した。捕虜への食事はおにぎりが1日1個、しかも、炎天下の給水さえ満足に許さなかった。

また、このバターン半島の戦闘で、予測を遥かに上回る死傷者を出した日本軍将兵には、捕虜に対する憎しみさえ生じていた。ここから、捕虜を連行する際に、日本軍による虐待が始まることは必至であった。

「バターン半島の捕虜の米比軍部隊は、オードネル収容所までの90マイルを疲労と疾患と負傷の身にも拘わらず、強制歩行し、病人・負傷者は路傍に落伍せるも無看護で放置、落伍した多数のものは護衛兵により射殺または刺殺を実行した。収容所到着後も、待遇不良で、収容開始後数カ月で米人2200人、比人2万人以上が死亡した」

これは、1945年12月1日に作成された「俘虜関係調査中央委員会調査報告綴」(バターン半作戦終了後に於ける米比軍俘虜取扱に関する調書)という米軍関係の文書の要約である。

捕虜収容所への到着後に多数が死亡

これでも分かるが、「死の行進」中に死亡したのは、米兵約600人、フィリピン兵約1万人であるが、収容後に死亡したものが、何と2万人以上にも上るのだ。その理由と原因は後で述べよう。

(写真左は、旧サン・フェルナンド駅で今なお保存

されている駅舎。その駅舎内には、「死の行進」を記録する、小さな博物館が設置されている。）

●サマット山に聳える十字架のメモリアル

バターン半島での、日本軍と米比軍の最後の戦いの地であるサマット山は、マリベレス山の北、バランガとバガックの中間地点の南にある。サマット山は、このあたりに来るとどこからでも見える。というのは、写真左頁にあるように、山頂に巨大な十字架が建てられているからだ。

筆者が最初にこの地に来たときは、マニラ周辺には3つの台風が襲来しているときだった。バターン半島は大丈夫だろうと、この塔の入口まで来たが、ここは閉鎖され、山道は5メートルも視界がきかないひどい天気だった。

2度目は5月の真っ盛り、海抜555メートルの頂上といえど、猛烈な暑さだ。

メモリアルの前へ来ると、まず見えるのは、建物の周囲に置かれた米比軍・日本軍の兵器だ(写真左)。しかし、この兵器類は、ここの主要な展示物ではない。

右下の写真のように、ここの展示の中心は山頂の十字架、メモリアル・クロスの下に建てられたコロネード(列柱と廊下、彫刻)だ。そのコロネードの基礎になり、それを囲む周辺の壁には、バターン「死の行進」やバターン半島での

戦いのレリーフが全周にわたって巡らされている。それは、バターン半島での様々な戦いの場面や英雄的戦い、日本軍の虐待などだ（写真左）。

このコロネードの地下は、博物館となっており、戦闘の写真や米比軍・日本軍の武器などが展示されている（筆者の訪問時は閉鎖中）。

そして、コロネードから山頂へ行く道を上って行くと、92メートルの高さがあるという巨大な十字架、メモリアル・クロスがそびえ立つ。

その壁面には、フィリピンの国民的英雄たちやバターン半島での日本軍と米比軍の戦いが、迫力ある彫刻で描かれている（次頁写真）。

通常、このメモリアル・クロス内は、エレベーターで上ることが出来る。しかし、筆者が訪れたときは、運悪く閉鎖中であった。

エレベーターの入口には、工事のため２０１６年７月まで閉鎖すると書かれていた。

実際、周辺の彫刻を子細に観察すると、壁画の一部が崩

れ落ちているのが目につく。受付に訊くと、フィリピン軍が工事を請け負っており、そのための軍の調査もこの日に行われていた。

このサマット山の、バターン半島「死の行進」を記念するメモリアルは、おそらく、フィリピン各地のメモリアルの中でも、もっとも重要なものとして位置づけられているのではないか。

確かに、後ほど記述するカパスのメモリアルも、規模としてはこのサマット山よりも大きい施設だ。

しかし、カパスのそれは、ここよりも表現内容が単調であるばかりでなく、地理的に首都マニラから遠く離れ過ぎているという欠点がある。

フィリピンでは、毎年4月9日には、大統領や政府関係者も出席して、この地で式典が行われる。バターン半島「死の行進」の犠牲者を悼み、フィリピンの勇者たちを讃えるために、である。

この地は、フィリピンの人々にとって、戦争の時代を捉え返すという歴史教育の場ともなっているようだ。休日には、マニラ周辺からも多くの人々が訪れるという（写真左下）。

サマット山の南には、マリベレス山が控える（写真左上）。このサマット山—マリベレス山の山々には、おそらく、米比軍の兵士たちや日本の兵隊たちの屍が、今なお眠っているであろう。この地は、そういう場所である。

コロネード内に記載されたバターン戦闘・「死の行進」説明

サマット山頂から見たマリベレス山

●ひっそりと佇むカパス・デスマーチ・メモリアル・シュライン

旧サン・フェルナンド駅の１０２キロ標識を過ぎ、アンヘレス、クラークを通過し、マニラ・ノース道路をカパスに向って行くと、左手に逆V字型のメモリアルが見えてくる。

ここがデスマーチ・メモリアル・シュラインであり（１９６０年代に建立、写真左頁）、２００３年にカパスの北、オードネルにナショナル・シュラインが建てられるまで、デスマーチの「最終地」とされていた。

もっとも、そのオードネルには、２００３年以前には質素な「捕虜記念公園」があったという記録がある。

このメモリアル・シュラインには、写真のように「死の行進」のレリーフが展示されている。苦難の表情で歩く米比軍の兵士たちを、日本軍兵士が足蹴にし、銃剣で突き刺す様相が描かれる。これを見る日本人の見学者には、つらいものがあるかもしれないが、すでに記してきたとおり、実際にはもっとひど

いものであったのだ。
なお、カパスのナショナル・シュラインの建立にともない、ここに埋葬されていた遺骨は、1980年代には、そこに移されたという。

上と写真右のように、壁の全周にバターン「死の行進」のレリーフが施されている

●巨大タワーが建つ
カパス・ナショナル・シュライン

かつて、日本軍管理による米比軍捕虜の収容所があったこのオードネルの地には、今、広大な公園の中に約70メートルの塔が聳えている。ここが、フィリピンの戦争犠牲者全てを追悼する、ナショナル・シュライン（民族聖堂）である。

2003年に完成したこのメモリアルは、入口からこの塔まで、およそ200メートル以上はあろうかという広大なものだ（敷地90ヘクタール）。

塔の前にある階段を登り中に入ると、周りは黒い大理石の「英雄の壁」で囲まれている。その壁には、「死の行進」、コレヒドール、あるいは他の戦闘で亡くなった一人ひとりの兵士たちの名前が刻まれている（次々頁写真）。

to the brave men and women
nvaders at Bataan, Corregidor
lippines during World War II.
during the Death March, and
more endured inhuman
p in Capas, Tarlac. They
their countrymen would wake
Estimated Death Marchers
April 9 - 15, 1942:
60,600 Filipinos &
9,900 Americans
"These men were the flow
courage and loyalty of ou
We will never forget ther
measure of fidelity to our
future generations."
Preside
Estimated Defenders who reached
Capas:
45,692 • Filipinos &
9,300 Americans

壁の奥へ進むと、旗を担いだ2人の兵士が描かれている（前頁写真）。そこには「我々は、彼らを決して忘れることは出来ないし、決して忘れない」というメッセージが彫られている。

　この塔から左手に向かってしばらく歩くと、右側に記念館があり（次々頁写真）、左手に貨車が見えてくる（次頁写真）。これが、サン・フェルナンドからカパスまでの間に米比軍の捕虜たちを運んできた貨車だ。

　本来、馬であれば、10頭も搭載できないこの貨車

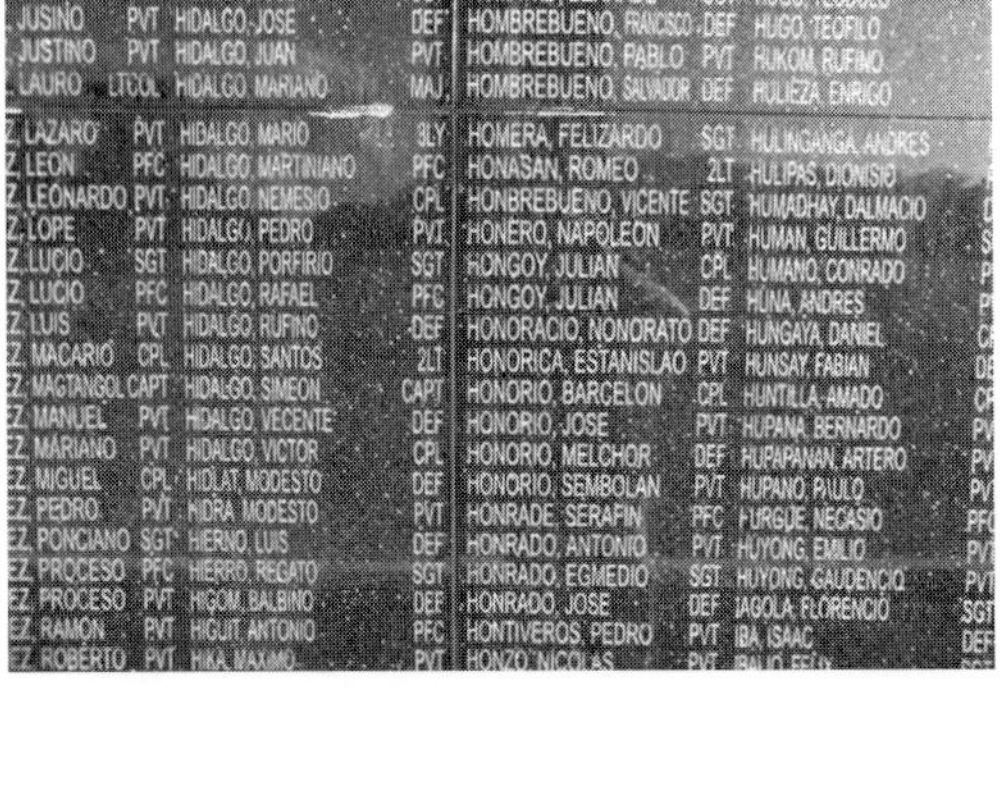

に、一度に捕虜たち100人前後が詰めこまれ、身動きできず、立ったまま死んでいく者もいたという。

貨車は、日本で現在使われているものよりも一回りも小さいようだ（長さ10メートル、横2メートル40センチ）。とても100人が乗れるしろものではない。この貨車は、以前は剥き出しに置かれていたが、今は屋根が付いている。

記念館に入ってみると、「死の行進」の写真を始め、フィリピン戦争のいくつかの写真が展示されている。「死の行進」中の日本軍と捕虜たちの写真もあれば、日本軍が捕虜たちを虐待しているものもあった（次頁写真）。

●従軍作家・火野葦平の記録したオードネル捕虜収容所

飢えと病気、そして炎天下の「死の行進」は、日本軍による恐るべき虐待であったが、この「死の行進」よりも凄惨な出来事が、オードネル捕虜収容所には待ち構えていた。「死の行進」での捕虜たちの大量死や虐待は、フィリピンでも日本の記録でも多くが語られるが、この収容所での「虐待」は、よく知られていない。実際、「死の行進」の死者よりも、この収容所での死者の方がはるかに多かったのだ。

戦前の芥川賞作家であり、従軍作家であった火野葦平は、フィリピンにおけるオードネル捕虜収容所の実態を以下のように描写している（火野葦平戦争文学選第3巻『フィリピンと兵隊』社会批評社刊。写真左は、「死の行進」中の米比軍と日本軍。また写真下は、その日本軍による虐待）。

「所長の部屋の壁に、統計表のグラフがある。……『これ、毎日死ぬ捕虜の数ですよ』、仔細に見て驚く。はじめ、眼を疑う。なんたることか。一日死亡者の平均が三百人。錐のごとくつき立った頂点は、四百八十七人を示している。悲惨。最近は、いくらか下り坂なるも、それでも、なお、二十人平均は死ぬという。……誘われて、高い櫓にのぼる。荒漠たる赤土の平原は、一見して、不毛の地たるを思わせる。開墾された畠が一部にあり、野菜らしき青物が見え、牛が二頭いる。それよりも眼をおどろかされたのは、柵外の異様な光景である。はじめ、その一角が、白い絣《かすり》模様のように見えた。よく眼をこらすと、全部それは十字架であった。何千あるか、何万あるか、わからない。」

『毎日、二百人、三百人、四百八十七人なんて死なれると、処置なかですばい。昨日は友だちの死骸をはこんで、墓穴を掘った

のが、今日は自分が埋められる。水は悪いし、伝染病ははびこる一方だし、医者も薬も充分にはないし、防ぎようがなかったです。どんどん運んで、穴に埋める。そんなに死なれては、間にあわんので、大きな穴を掘って、五人も十人もいっしょに埋めたのもある。屍臭があたりにはびこって、飯も咽喉を通らない。十字架は、死ぬのを予定して、この付近にあるネグリートの大工に、前もってたくさんつくらせたんですが、ひところは、追っつかなんだです。もう自分は死ぬときめて、墓地へ出かけて、自分で穴を掘って、中に入っていたりした捕虜もあります。わずか一ヵ月ほどの間に、二万以上も死んだでしょうかなあ。』」

「バタアン戦場から、オオドネルまで、120キロちかい道程は、疲労困憊の極にたっした亡霊のような捕虜たちには、たしかに地獄の剣の山へ追いあげられる気持だった。半島の南端、マリベレス湾の郊外から、カブカペン、ハマイ、バランガ、オラニ、サンフェルナンド、アンヘルス、カパスと辿ってゆく炎熱の道は、文字どおり死の道だった。乾季と雨季と半年ずつ別れているフィリピンでは、乾季の酷暑は、釜のなかにいるようだ。火山灰の神楽の舞うバタアンを出はずれぬうちに、多くの者が歩行の自由をうしない、道路ばたに倒れて息絶えた。まれに水のあるところには何百人というものが列をつくっていたが、順番の来ぬうちに、動けなくなってしまう者もあった。トラックで運ばれたならば、このように多くの死者は出なかったであろう。

かくて、気息奄々として、オオドネルに到着した者も、つぎつぎに、恐ろしい統計が示したように、一日に二百、三百、四百、といって死すべき因が、この行進によってつくられたのである。戦場から歩いてきた者は、負傷者以外一人として、マラリア熱、デング熱、アミーバ赤痢、栄養失調、神経衰弱にかかっていない者はない、といってよかった。長途をえんえんとつづいてゆく列に、砂塵を浴びせて、べた金や、参謀肩章をつけた将校たち、日本の兵隊の乗ったトラックが往復した。」

フィリピンに従軍中の火野葦平

マリベレスを出発した米比軍の捕虜は、約7万人であったが、オードネルに到着する前に1万600人が亡くなり（約1万人はフィリピン兵士）、そしてこのオードネルでは、約2万2千人が亡くなった。その大半（約2万人）はフィリピン人兵士であった。

●パンティンガン川の虐殺

すでに述べてきたが、こうした「死の行進」やオードネル捕虜収容所での虐待の背景にあるのは、日本軍の捕虜に対する虐待の問題である。

日本軍が、自国の兵士に対しても捕虜になることを禁じているのは、よく知られていることだが、日本軍はまた、自分たちが捕虜にした兵士を戦時国際法による保護対象とみていなかったのだ。それが引き起こしたものが、南京大虐殺であり、シンガポールの「華人粛正」（大虐殺）であった。

ところで、このシンガポール、マレーシアの虐殺を直接命じたのは、陸軍参謀本部の辻政信参謀であることが知られている。この辻参謀は、バターン半島第2次攻略の作戦参謀を任じられていたが、半島が陥落するや、ここでもバターンの米比軍の捕虜全ての虐殺を命じたことが記録されている。

もちろん、辻参謀にそんな権限はない。だから、第65旅団のいくつかの連隊は、その辻の命令を無視したと言われる。

しかし、この辻の命令を第65旅団が一旦受け入れた結果、同旅団の歩兵第122連隊が、虐殺を実行してしまった。これが、パンティンガン川の虐殺という事件だ。

事件は、サマット山の北、パンティンガン川の近くで起こった。4月12日のことだ。

「人気のない山道の一画に集められた捕虜は、15人から30人ずつ並ばされ、山道を数百メートル歩かされて処刑場にやってきた。処刑場は山道の崖に沿ったところだった。集合場所と処刑場とのあいだは隆起していたので、歩かされていった一団がどんな目にあっているのか、あとに残った捕虜には見聞きできなかった。最初に連行された捕虜の一団は、崖のほうを向いて座らされた。そのひとりずつに日本兵がつき、襟首をしっかりつかんだ。その背後には処刑役の別の日本兵が立ち、小銃、銃剣、軍刀を構えた。合図とともに襟首の手が離れると、処刑役は心臓のありかの見当をつけ、うしろから深々と刺し貫いた。そして、死んだ捕虜、あるいは死にかけている捕虜を谷へ蹴り落としたあと、次の一団を連れてきた。」（マイケル・ノーマン他著『死の行進』河出書房新社）

このパンティンガン川での虐殺の被害者は、フィリピン軍第91師団ほか2個師団の生き残りの将校と下士官約400人である（20人の米軍がいたという記録もある）。

彼らは、バターンでの戦闘が終了した後、西海岸のバガック近郊で投降し、日本軍の命令にしたがって東へ徒歩移動、山道の8号道路をたどり、半島の中央を通ってバランガへ向かうところだった。

4月12日の朝、フィリピン軍の士官および下士官以下の兵員およそ1500人のうち、約1100を数える兵士は、8号道路を東のバランガ方面へ歩くよう命じられ、士官と下士官は手を後ろで縛られ、数珠つなぎにされた。15人から30人ずつ繋がれると、彼らは谷まで行進させられ、そこで日本刀で首を切り落とされ、あるいは銃剣で刺突された。

このパンティンガン川での虐殺は、その刺殺現場で生き残ったフィリピン将校の証言があるほか、また当事者の第122連隊に属する、複数の兵士の証言記録も残されている（前書）。

つまり、辻参謀の虐殺命令は、現実に実行されたということだ。

筆者は、このパンティンガン川の畔に、この虐殺の小さなメモリアルが建てられているというので、サマット山を訪ねたおり、川の周辺を探してみた。

しかし、このメモリアルを探しあてることはできなかった。

バターン半島で日本軍に護送される米比軍兵士ら

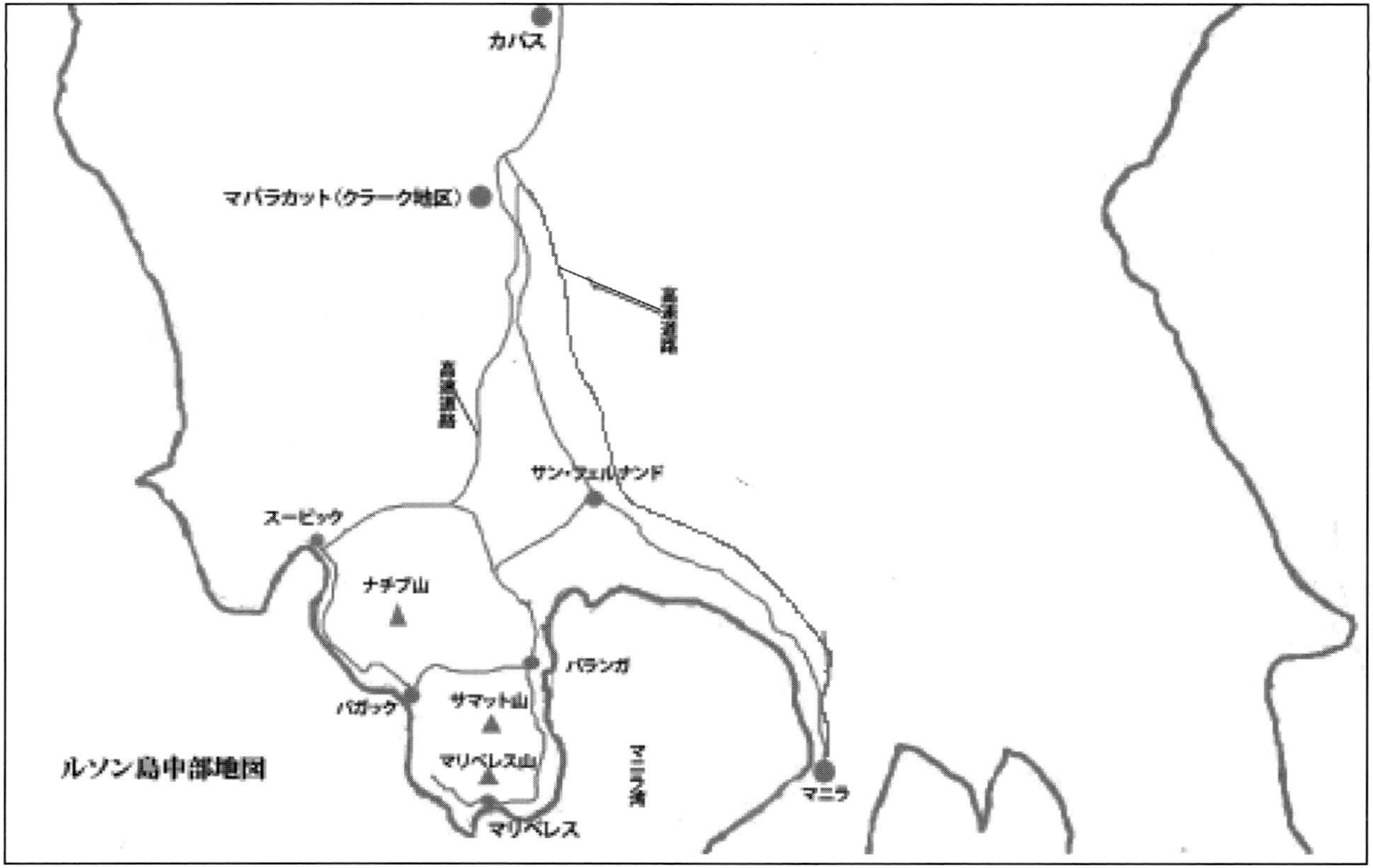
カパス
マバラカット（クラーク地区）
高速道路
高速道路
サン・フェルナンド
スービック
ナチブ山
バランガ
バガック
サマット山
マリベレス山
マニラ湾
マニラ
マリベレス
ルソン島中部地図

第４章　二度の上陸戦の舞台となったリンガエン湾

——リンガエン湾・マバラカット特攻隊の戦跡を歩く

レイテに上陸するマッカーサー

●連合軍上陸地点を印す「上陸記念碑」

リンガエン湾は、フィリピンにおける戦争の、二度にわたる上陸地点になった戦場だ。一度目は1941年12月の日本軍の上陸であり、二度目は1945年1月の連合軍の上陸だ。

なぜ奇しくも、この地点が両軍の上陸地点になったのか？　それは、上の海岸線の写真を見れば一目瞭然だ。

リンガエン湾のビーチは、東西に数十キロにも及ぶ。しかも、海岸近くは遠浅だと言われる。これは、日本軍の1個師団、米軍数個師団が上陸するには充分の広さであり、このような上陸に適した海岸線は、フィリピン広しといえども少ない。

さらに、このリンガエン湾からマニラに至る

ルソン島中部地域は、山が少なく地平線が広がる地形である。上陸する部隊への対抗軍―対上陸作戦部隊は、地形を利用することも難しい。

つまり、首都マニラ制圧を目指す上陸部隊は、海上・航空優勢さえ確保すれば、一挙に首都に到達・占領できるというわけだ。

実際、リンガエン湾上陸からマニラまで、日本軍は10日、米軍は26日で到達したのだ。

今、このフィリピン有数の景勝地であり、海水浴場であるリンガエン・ビーチは、休日ともなれば家族連れで賑わっている。

71年前そして76年前、このビーチ周辺で日米軍の死闘が繰り返されたという「記憶の風景」は、今やどこにも見当たらない。しかし、ビーチに近い海底の至るところには、錆びた兵器などが埋まっていることだろう。

米軍の上陸記念碑「ベテランズ・メモリアル・パーク」は、州都リンガエン市の海岸に近いところにある。場所は、パンガシナン州の庁舎（116頁写真）の真ん前だ。庁舎の並びには、パンガシナン州立大学もある。

公園を入ると、右手にゼロ戦が見え（次々頁写真）、左手には米軍のM４戦車が据えられている。その後方にも同じM４戦車が見える。

この広場には、この他、対空砲（高角砲）、対空機銃各１挺が据え付けられている。型式などは記載されていないが、たぶん、米軍の装備品であろう。

海岸に近い入口には、写真左のように、上陸記念碑が設置されている。この位置から上陸地点の海岸までは、約２００メートルぐらいだ。

米軍のＭ４戦車（入口近く）

米軍Ｍ４戦車（公園中ほど）

対空機銃（上）と対空機関砲（右）

ゼロ戦について付記すると、このゼロ戦はどこで獲保してきたものか、どういう経緯でここに置かれたのか、それについての解説は全く見当たらない。

ただ、全体から観察すると、機体・翼や車輪、エンジンの構造など、本物のゼロ戦であることは間違いないようだ。

ゼロ戦とそのエンジン（左）

入口から正面に見える建物は、この資料展示館だ（写真左）。ただ、展示館といっても質素なもので、米軍上陸時の荷揚げや艦艇、兵士たちの作業の様子などが、写真で展示されているだけだ。降伏する山下将軍の写真も、展示されている。

展示物の中には、非常に興味深いものがあった。それは、米軍の上陸部隊を歓迎する住民たちの、何枚かの絵である（次頁写真）。

連合軍の上陸は、当初フィリ

ピンの人々にとって「解放軍」であったことを表しているようだ（近年、その「米軍の解放軍」説にフィリピンの有識者から疑念が出ている）。

　コレヒドール島の戦跡、サマット山のメモリアル、そしてカパス・ナショナル・シュラインなど、いくつかのフィリピン国内の記念碑では、米比の「血の絆」を強調するものが多いが、言い換えると、それを強調しなければならないほど、ほころびが見えているとも言いうるのである（写真右は、リンガエン湾に上陸する連合軍）。

●日本軍の上陸地点に造られた
ジャパニーズ・ガーデン

リンガエンの街から東へ、隣の街・ダグバンに入り、海岸線に沿ったトンダリガン・ロードをサン・ファビアン方面に向かうと、「ジャパニーズ・ガーデン」が現れる。

この道路は、ちょうどビーチ沿いで、この一帯はトンダリガン・ビーチと言われている。

このガーデンは、おおよそ横100メートル、縦50メートルぐらいの日本式庭園であるが、庭園の他は休憩所があるだけの簡素なものだ。そのビーチよりの庭園中央に、「第二次世界大戦戦没者慰霊碑」と書かれた、合掌した形のような白い碑が建てられている（写真下）。

だが、この碑を誰が、いつ建てたのかは不明である。基底部の文字は判読不可能だ。しかし、

時折この場所で、日本の関係者の慰霊祭が行われている。いずれにしても、リンガエン湾での日本の記念碑は、ここだけである。

●最初のカミカゼ特攻隊出撃基地
マバラカット西飛行場跡

リンガエン湾からアーダネータの街を経由して南へ百数十キロ下ると、広大なクラーク地区（経済特区地域）に出る。ここまで高速道路はほとんど一直線で、どこでも道路が滑走路になるぐらいだ。ピナツボ山の噴火、そしてフィリピンの人々の反対で一旦閉鎖されたクラーク米空軍基地は、最近また復活しつつあるようだ。

この米空軍クラーク基地周辺一帯は、もともとは、日本軍の基地が集中する一大航空拠点であった。ここには、マバラカット西・東飛行場など、10本以上の滑走路が造られていたとされる（写真左上は、マバラカット西飛行場跡入口の看板）。

1945年1月9日、リンガエン湾に上陸した連合軍は、その周辺の日本軍を攻撃し、1月下旬にはバギオ山麓へ撤退させるとともに、他方では同月、ほとんどの抵抗を受けることなく、クラーク周辺に進撃した。

というのは、このクラーク周辺は、日本軍の一大基地であったばかりでなく、この中のマバラカット飛行場は、あのカミカゼ特攻隊の最初の出撃基地でもあったからだ。そしてまた、残存戦闘機をほとんど喪失した日本軍を封じ込め、ルソン島での航空作戦を遂行するためにも、この一帯の確保は重要であった。

このマバラカット飛行場での特攻隊の編成

は、1944年10月、米軍のフィリピン上陸―レイテ決戦の直前だ。

　ミッドウェー海戦、マリアナ沖海戦などで大敗北を喫し、航空艦隊の大半を喪失した日本海軍は、このフィリピンにおけるレイテ決戦に全てを投入せんとしていた。そして、この戦略的敗退を覆すべく決定されたのが、あの「神風特別攻撃隊」であった。

　この日本軍の、最初の特攻攻撃の決定が、10月19日、マバラカットにある日本海軍第1航空艦隊で行われた。そして、同艦隊の司令であった大西瀧治郎中将は、最初の特攻隊長として関行男海軍大尉を選び、10月25日、山桜隊（関隊長）、敷島隊など24人を出撃させたのだ。

　同隊は、レイテ近海で米機動部隊を発見、空母「セントロー」に突入し、これを沈没させた。以後、これに味をしめた大本営は、「比島特攻作戦」だけでも海軍436機、陸軍243機を特攻攻撃に出撃させ、この特攻作戦を全作戦地域に広げていった。その結果、日本の敗戦までに、およそ4千500人以上の青年たちが、海の藻屑となって消えていった（成功率は11％）。

「特攻第1号」であった関行男大尉は、死後2階級特進し、「軍神」となったが、出撃前にこう慨嘆していたという。

「通常攻撃でも爆弾を命中させる自信がある。そんな僕に体当たりを命じるなんて、日本は終わりだ」

　今、関大尉が出撃したマバラカット西飛行場には、記念碑が建ち、静寂な風景の中で、馬たちが牧草を食《は》んでいる。この慰霊碑の裏手に牧場がある。

　しかし、この正面に小さな観音像を置いた記念碑（左頁）を誰が建てたのか、説明文はない。

マバラカット西飛行場の跡に建てられた慰霊碑（上下）

碑の両側に記されている英文・日本文では、アンヘレス在住の歴史家ダニエル・エッチ・ディソンの特攻隊に関する歴史的記述があるだけだ。

この慰霊碑の横の山の中腹には、洞窟がある。おそらく特攻隊員たちの一時的避難の壕だろう。入口には、英文の看板がある（写真上）。

壕の中は狭い（写真下）。長さは20メートル前後で、壕の奥からは地上へ出るように造られている。

このマバラカット西飛行場の記念碑から、小川を挟んだ南側一帯が、当時の西飛行場であったと思われる（写真左頁）。

この一帯は、今や広大な地域が草と低木で蔽われているから、元の滑走路自体は全く見えない。だが、この地点が滑走路であったということは、紛れもない事実である。

今、このマバラカット西飛行場跡地の南に、広大なクラーク飛行場が広がるが、草木に蔽われていて、この地点からそれは見えない。

●マバラカット西飛行場跡に残る掩体壕群

「クラーク・スペシャル・エコノミー・ゾーン」の中の、ヒル・プヤット・アベニューの道路側から、「カミカゼ・ウエスト・エアーフィールド」の案内板（119頁）を見て、マバラカット西飛行場の跡地に入ってくると、次々頁写真のように、いくつもの小高い丘が現れる。

この小高い丘は、一面が草木に蔽われているから遠くから見ると、単に小さな丘が連なっているように見える。

しかし、道路から約100メートルの、その場所に近づいてみると、これは日本海軍の掩体壕であることが分かる。上部は草木に蔽われているが、正面はコンクリートが剥き出しになっている。掩体壕には、数字の「9」や「10」が

書かれているが、たぶん、これは戦後記されたものだ（写真下・左頁下）。

この掩体壕は、奥行きは20メートルぐらいで、日本本土に残されている戦闘機用の掩体壕と同様の大きさだが、日本のそれにある背後の「吹き抜け」が全くない。「吹き抜け」とは、正式な名称ではないが、戦闘機がエンジンをふかしたときに、掩体壕の後部が閉鎖されていた場合、排気を逃すことができない。だから後部だけが開いているのだ。

もう一つ違う特徴がある。この掩体壕の入口が、扉の部分を残してコンクリートで塞がれ、その両側には、長方形の銃眼が設けられていることだ（次々頁写真）。これは、大きさと位置からして、明らかにトーチカの銃眼だ。

筆者は、ここに残されているいくつかの掩体壕を見て回ったが、ほとんど同じように銃眼が造られている。

これらの銃眼は、何のために造られたのか？　本来の掩体壕として使う予定であれば、この開けられた銃眼は危険でさえある。

つまり、この掩体壕は、戦闘機用のそれではなくなり、文字通り、地上戦用のトーチカとして使用された、ということだ。

実際、上陸した米軍がこの地点を攻撃した45年1月下旬には、すでに日本海軍に戦闘機はほ

とんどなく、残存する搭乗員を始め、全ての日本海軍要員は地上戦に投入されたのである。

日本軍の戦闘記録でも、クラーク付近には兵力3万人、陸海軍の約60個の部隊を集めた雑軍がいたが、1月25日、米軍が攻撃を開始すると、日本軍陣地はすぐに沈黙し、2月9日には、クラーク西方のピナツボ山に撤退したとされている。

ここに残る掩体壕については、日本はもとより、

フィリピンにおいても記録は全く見当たらない。しかし、ここに残された掩体壕は、おそらく十数カ所を数える（写真上は掩体壕の中。奥が閉鎖されている。写真左・下は、左右に造られた銃眼）。

今や、日本軍の旧滑走路は低木と草地に蔽われているが、インターネットの英文サイトをチェックすると、だいぶ前に個人が趣味で撮った写真が残されている（写真上）。そこには畑に広がる9カ所の掩体壕が写されているが、実際はもっとたくさん残されている可能性がある。筆者の観察でもそのように見える。

このネットの記述では、掩体壕は当時、農業用の倉庫として使われていたようだ。しかし、1991年、20世紀における地球最大規模の大噴火と言われるピナツボ山の灰燼は、この地を覆い尽くし、農業ばかりか米軍基地さえ機能停止に追い込んだのだ。

灰燼は2メートルにも及んだというが、今、現地を歩くと、20数年たっているにも関わらず至るところで人々は、未だにその処理に追われているようだ。

●正面に鳥居が建てられた マバラカット東飛行場

マニラからリンガエン方面に行く高速道路の、マバラカットの北部、ちょうどクラーク基地の滑走路の北にあたるが、この一般道路と交差する地点の脇に、マバラカット東飛行場跡の記念碑がある（東飛行場は主に着陸用）。

道路の脇には、漢字で「神風」、英語で「カミカゼ・イースト・エアーフィールド」と書かれた案内板が設置され（写真左下）、なぜか、入口には大きな鳥居がある（写真下）。

中に入ると、正面に神風特攻隊員の銅像が置かれ（写真左上）、その背後の壁には大きな旭日旗が描かれている。

銅像の横にある小さな建物には、記念館があるが（次々頁写真）、普段は閉められている。こ

の記念館には、特攻隊に関するいくつかの写真を展示してある。

正面入口の右手には、この記念碑の「案内文」が書かれているが、現在は文字面が劣化して判読不能である。

記録によると、ここにはマバラカット西飛行場と同様、このカミカゼの由来が詳しく説明されている。

「マバラカット観光局（MTO）が神風平和記念廟の建立を推進した理由は、神風特別攻撃隊の栄光を称賛する為ではなく、その歴史的事実を通じて世界の民族に平和と友好の尊さを訴える為である。神風平和記念廟が、神風特別攻撃隊のような不幸な出来事を二度と繰り返さないと誓う場所となることを祈念する。

マバラカット観光局長　ガイ〟インドラ〟ヒルベロ」

この案内文は、東飛行場のものとほとんど同じ内容だ。ただ前記のものは、一歴史家の案内文であったが、ここはマバラカット観光局長の案内文である。

この説明文も、カミカゼの経過については同じ内容になっているが、結論部分が前記のものとは、大きく違う。

つまり、一歴史家のそれは、結論が特攻隊を賛美するものになっていたが、ここでは、カミカゼを「不幸な出来事」「二度と繰り返さない」と明確に批判するものになっている。

この二つの案内文の違いは、どうして生じたのか。

毎年、この記念碑前では、地元の記念行事が行われていると聞く。

ただ、以前には、日本との「友好」だけを重んじたのか、特攻隊を賛美する傾向が強かったと言われている。しかし、それは徐々に前記のように変わりつつある。

それにしても、日本軍による占領と植民地化を経験し、天皇制の下に強制的同化政策がとられたフィリピンに、こんな鳥居を建てるとは、どのような意図によるものであっても、誉められたものではない。

特攻隊に出撃を命じる大西

特攻隊で出撃する兵士たち

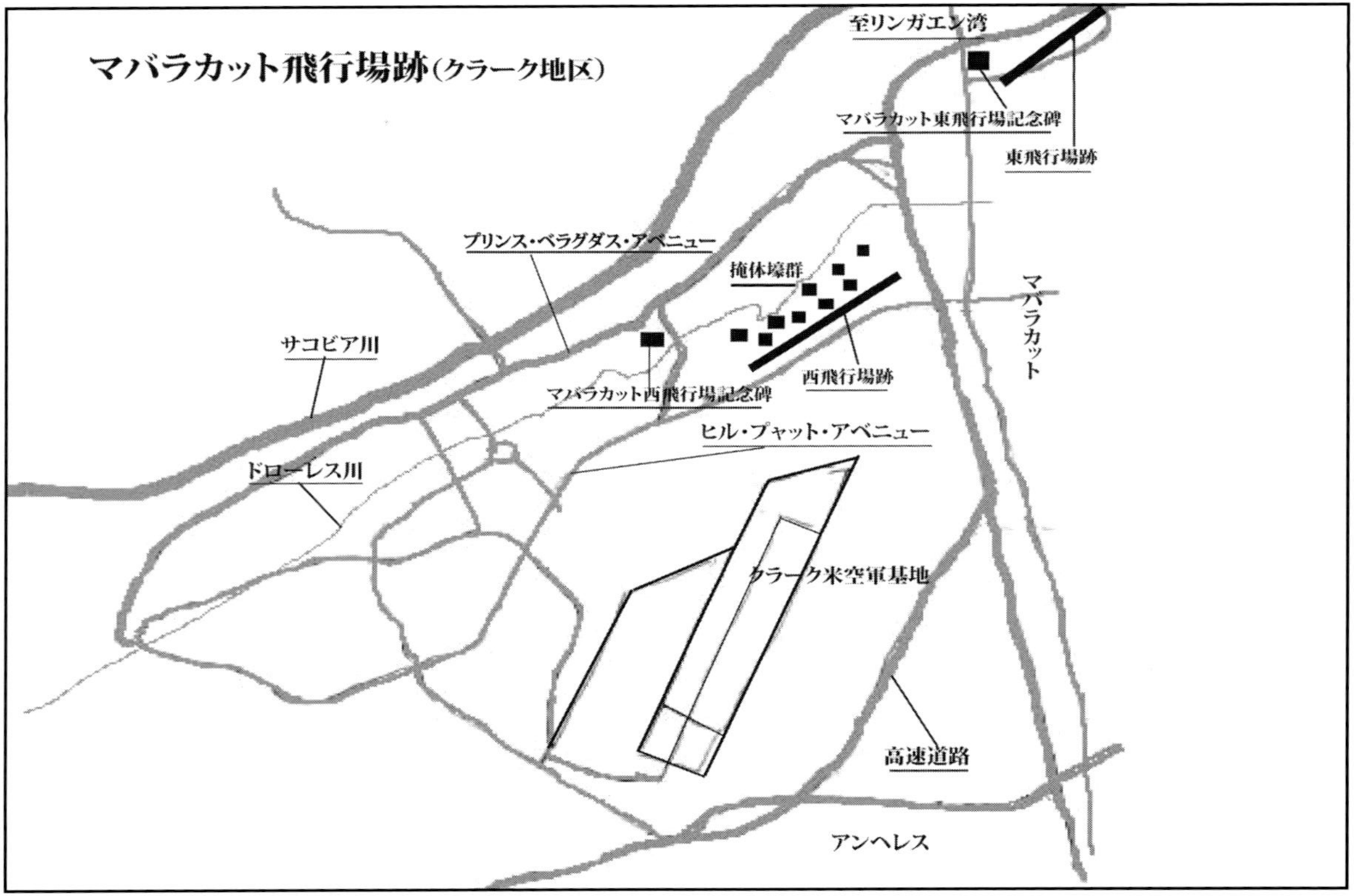
マバラカット飛行場跡(クラーク地区)
至リンガエン湾
マバラカット東飛行場記念碑
東飛行場跡
プリンス・ベラグダス・アベニュー
掩体壕群
サコビア川
マバラカット西飛行場記念碑
西飛行場跡
マバラカット
ヒル・プヤット・アベニュー
ドローレス川
クラーク米空軍基地
高速道路
アンヘレス

第5章　日・米比軍の最後の戦いの地――バレテ峠・サクラサク峠

――兵隊も「邦人」も飢えと病で斃れていった

バレテ峠の入口

●累々たる屍が眠る バレテ峠とメモリアル

マニラから直線距離でおよそ250キロ、リンガエン湾からでも約100キロ以上あるバレテ峠は、日・米比両軍の文字通りの死闘の戦場であり、事実上最後の戦闘が行われた所だ。

中部ルソンの街、サン・ホセから旧国道5号線の坂道を延々と登って行くと、道路沿いには大型トラックが溢れ、フィリピンには珍しいドライブインがあちらこちらにオープンしている。この道路はまた、中部ルソンの最大都市・バギオとサン・ホセ—マニラを結ぶ産業道路にもなっているようだ。

そして、バレテ峠は、北部ルソンのカガヤン地方と中央平野の分水嶺にあたり、これらを結ぶ結節点にもなっている。峠は長々と延びる山

脈の真ん中の、標高900メートルの高地にある（前頁写真）。

峠から少し北へ行くと、サンタ・フェの街があり、その西側には峰が連なっているが、その先は、この山地のもう一つの激戦地・サクラサク峠の尾根である。

バレテ峠には、数軒の土産屋が点在しているが（写真上）、それ以外は何もない簡素な場所だ。峠を象徴しているのは、写真上の中央に見える塔であるが、これは慰霊碑ではなさそうだ。

●連合軍のメモリアルが建つバレテ峠

この塔の手前の高台に、数メートルの白い石碑が建っているが、これがバレテ峠の悲惨な戦闘を記念する連合軍の記念碑である（次頁写真）。

そこには「バレテ峠―この絶望的な戦いの勝利の中で、命を犠牲にした第25師団の兵士たちの栄光が立つ」「この峠の戦いの中で７千４０３人のジャップが戦死し、２千３６５人の第25師団の兵士たちが戦死・戦傷した。１９４５年５月13日」と蔑視的に記されている。

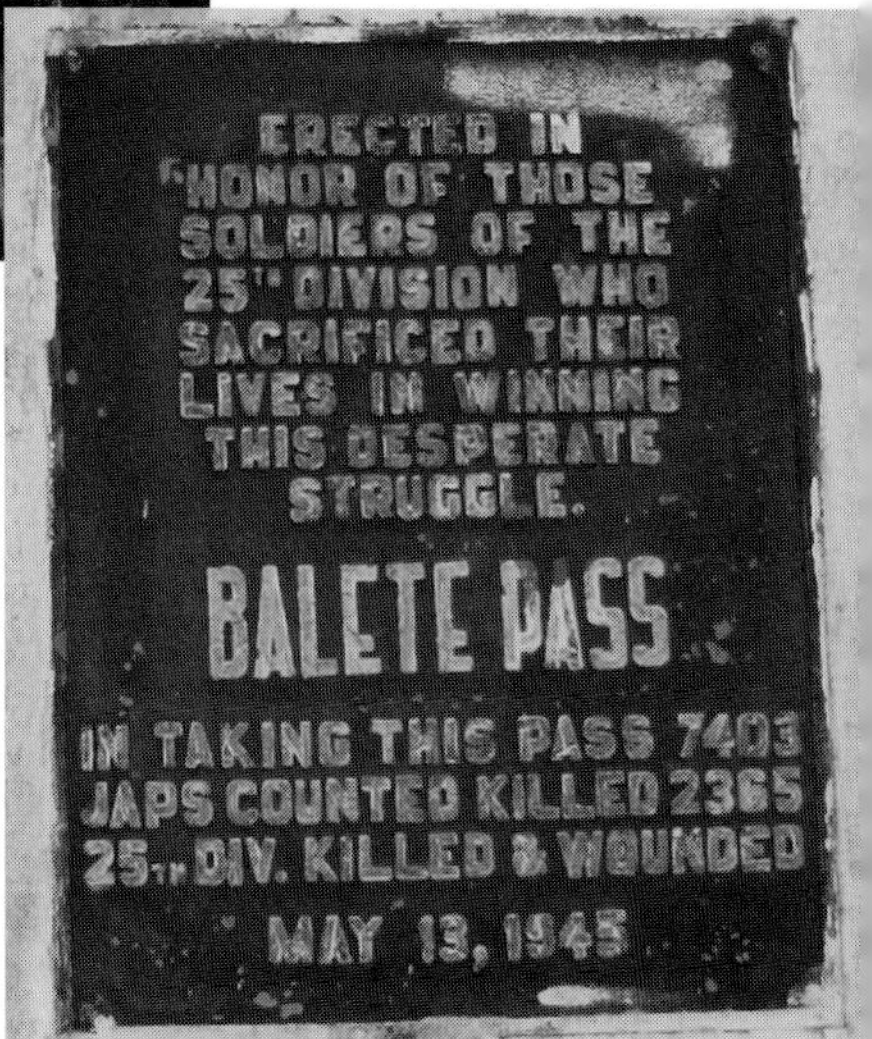

別の資料によると、この場所で戦った第25師団・第32師団の連合軍の戦死者は、合わせて１千５１０人であり、戦傷者は４千２５０人である。

バレテ峠の日本軍の戦死者は、記録によると第23師団・歩兵３個連隊総員１万７千２５３人の

うち、戦死者1万4千600人で、復員したのはわずか133人であったという（『戦史叢書　捷号陸軍作戦』②）。

このバレテ峠をめぐる戦いが、いかに凄まじい戦闘であったかは、この数字が表している。

●バレテ峠の日本軍戦没者の記念碑

さて、この峠の幹線道路から峠の峰までは緩やかな坂になっているが、ちょうど中腹のあたりに、日本軍戦没者の記念碑が並んでいる（次頁・次々写真）。

その中でもっとも目を引くのが、中央にある十字架のある石碑だ（次々頁写真）。そこには以下のように記されている。

「戦跡碑

ここバレテを巡る山野は1945年1月から半年

に亘り「鉄・撃・泉」の日本軍と米比軍が壮絶な死闘を続け阿修羅の鮮血で染められた天地慟哭の戦跡である　この決戦は北部ルソンの命運をかけ祖国のため一万七千百余の両軍の戦士が砲火の中に散った　ここにその遺烈を偲び鎮魂の祈りを捧げ人類永遠の平和を願ってこの碑を建てる

1984年3月　バレテ慰霊会」

この記念碑は、他の場所にある日本の記念碑と違い、日・米比両軍の戦死者を追悼する。しかも石碑には、十字架が掲げられている。

その脇にある白い木製の「戦没者追悼之碑」もまた、十字架だ（写真下）。それには、以下のように記されている。

「この地は昭和48年（1973）日本派遣の戦没者遺骨収集団がこの地域の戦没英霊のご遺骨を荼毘に附し残灰を埋葬した所である

この十字形追悼碑は日比親善慰霊会が住民の協力に感謝しサンタフェ町に公民館を寄贈した事に対し当時の町長トム・チェンカイ氏が日比親善と永遠の平和を願って土地を提供し建てたものである

日比親善慰霊会」

なるほど、ここに記されている案内文ではサンタ・フェの地元と

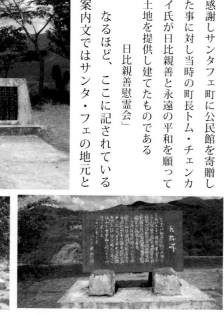

の協力でここに碑が建てられたことが分かる。
　この木製の十字架の脇、入口の近くに三つの小さな石碑が建てられている（前々頁左下）。誰が建てたのか、定かではないが、そこには「……おやすみなさい　安らかに」（2016　T・S）とある。「T・S」はイニシャルだが、最近建てたもののようだ。
　このマニラから遠く離れた地にも、日本軍の戦死者の遺族が訪れるというから、この碑を建てたのは、たぶん、その遺族の一人であろう。

●バレテ峠の中国系比軍兵士の記念碑

　日本軍関係の碑の下には、中国系比軍兵士たちの記念碑がある（写真上）。中国式の墓を思わせる大きな石碑の台の周りには、この地で戦死

峠の頂上からのバレテ峠全景。写真下は、その頂上にある展望台

した黄、張、陣氏ら8人の名前と戦死の日付が書かれており、その下には、「13碑銘」として「私たちの軍隊の中の8人の仲間の思い出に捧げる」として追悼の言葉が書かれている。

バレテ峠から見たサクラサク峠付近

この中国系比軍兵士たちは、記されている碑文からすると、米軍第25師団第161歩兵連隊に所属していたようだ。つまり、リンガエン湾から上陸し、この激戦地の戦闘に加わった兵士たちの中に、多くのアメリカ人以外の兵士たちがいたということだ。

●ゲリラに翻弄された日本軍

さて、この中部から北部にかけてのルソン島が、ゲリラの一大拠点であることは、よく知られている。

日本軍は、占領直後から、この中・北部ルソン一帯のゲリラの掃討を開始したが、連隊規模で動くゲリラ勢力に、完全に手を焼いていた。

というよりも、この中・北部ルソンだけでなく、日本軍のフィリピン占領は、そもそもが「点と線」だけの占領だったとも言われている。

事実、リンガエン湾の連合軍上陸時点でも、この地方だけでゲリラの兵力は多数にのぼり、43年後半期からはおよそ1・8万人に増強されている。

このゲリラには、米軍の潜水艦を使った補給によって、武器・弾薬も充分に供給されていた。

日本軍の、バレテ峠やサクラサク峠を含む中部ルソン一帯の戦闘では、行軍する日本軍の補給路や戦闘部隊に対するゲリラの攻撃が頻繁に行われていたことが記録されている。まさに日本軍は、米軍から敗走していただけでなく、ゲリラからも追撃されていたのだ。

ところで、フィリピン全土では、このゲリラは、日本軍の占領開始直後、間もなく蜂起した（1942年年8月、マッカーサーの援助で蜂起）。

この後、米軍の武器・弾薬の支援を得て、およそ25万人の部隊に増強され、米軍上陸後はフィリピンの全島で蜂起したという。

そして、ゲリラ部隊は、日本軍の位置情報を米軍に提供するばかりか、日本軍の移動を攻撃し、通信・交通・施設・弾薬・燃料基地などを破壊した。

ゲリラ勢力の中でも、中部ルソン一帯に勢力を誇ったのがフクバラハップ）である。この正式名称のフクバラハップとは、タガログ語で「抗日人民軍」を意味し、フィリピン共産党指導下の軍事組織である。したがって、日本軍だけでなく、本当は米軍もまた、その存在を恐れていたのだ。

ところで、日本軍はフィリピンにおける連合軍上陸が予想される当初から、ルソン防衛計画の拠点をバギオに置き、山下大将直轄の司令部を配置した（45年1月に撤退完了）。ここに、持久

戦のための山岳陣地を形成する予定であった。

　だが、その司令部を設定して間もなく、1月12日には米軍のバギオ爆撃が始まり、食糧難をはじめ被害が続出した。こうして、主力の第32師団、58旅団などは後方に撤退し、第19師団、第10師団、第105師団などを南バレテ峠などに再配置した。そして、3月下旬、バギオへの米軍の攻撃が始まり、その砲爆撃と戦車隊の前進でバギオは陥落した。

　こういう経過の中で山下は4月24日、民間人と司令部のバギオ撤退を命令し、4月25日には、米軍はバギオを占領したのである。

　この中で記録しておくべきなのは、このバギオ撤退後の「飢餓街道」での悲惨な出来事だ。この時点でバギオには、マニラを始め各地から避難してきた日本の民間人が約2万人いたと言われる。

　この民間人が、輸送手段もなく、食糧もほとんどなく、軍とともに撤退―敗退の隊列に加わったのだ。バギオからカガヤン渓谷の周辺に至る道々に、日本の女性・子どもたちの「行き倒れ」の屍骸が連なっていたという。つまり、日本軍―山下司令部は、民間人に対してさえ、「捕虜」となることを許さなかったのである。

　もちろん、民間人だけでなく、この一帯には飢餓と病、負傷による兵隊たちの「行き倒れ」も無数に連なっていたのだ（写真上は、降伏し連合軍司令部に出頭した山下軍司令官）。

第6章　戦争犠牲者を追悼するメモリアルを訪ねて
――南部ルソンの忘れられた住民大虐殺のメモリアル

バタンガス州バウアンの住民虐殺のメモリアル

●教会に集められ、家を爆破されたバウアンのメモリアル

バタンガス州バウアンの街は、マニラからおよそ100キロ、ルソン島の南部の港町だ。街は、バタンガス湾の入り江にあり、西のバラヤン湾と同様、マニラ南部のビーチの、景勝地の一つだ。

このバウアンの街の、住民虐殺のメモリアルを筆者が初めて訪れたのは、小雨の降る12月半ばのことであった。

道路を渡ってバウアン・メモリアル（写真下・左頁）の前で黙祷し、おもむろに写真を撮り始めると、ちょうどメモリアルの階段の横にいた20代かと思われる青年が、メモリアルに彫られた死者の一人ひとりの名前を、大きな声で呼びながら丁寧に拭き始めた（写真左の端、死者の名前を刻んだ銘板の前の人）。

まるでそれは、日本軍に虐殺された死者に呼びかけるような嘆きの声であった。

おそらく、青年は、筆者の黙祷、しかも「日本人」による死者への祈りに触発されたのであろう。日本からこの遠く離れた南部の地へ訪れる人はそう多くはないと思うが、この青年の行動に、この土地の人々の想いが表されているのかもしれない。

「バウアンの虐殺」という事件が起きたのは、1945年2月28日のことだ。

この日、バウアン教会（写真左頁下）に集められた400人ほどの住民は、日本軍の命令で

近くの住宅に連れて行かれた。ほどなくしてダイナマイトが爆発し、住民328人が死亡した。日本軍の「ゲリラへの協力者狩り」を口実とした、住民の無差別虐殺である。

この生き残りであり、同街に住むレセイリヨ・カテンバンさんは、その状況を以下のように証言する。

「アメリカ軍がロスパニオスにパラシュート降下をして、連合軍捕虜を救出してまもなくですよ。日本軍は話し合いをしたいからと、町にいた男たちを教会に集めた。私はまだ14歳だったけど父

と一緒に出かけた。

朝の8時頃に招集がかかって、10時頃に列を作って教会から近くのバウチスタさんの大きな家に兵隊の案内で移動した。男たちは300人以上はいたと思うけどみんなが入ると兵隊はすぐ戸を閉めてしまった。

5分位してものすごい音でダイナマイトが爆発した。家の中に大きな火花が飛んだかと思うと、どーんとはじき飛ばされてしまった。

気がついたら、外に投げ出されていた。生き残った者が逃げ出すと、兵隊は銃撃を始めた。私はいっしんに走ったおかげで撃たれなかった。……一緒だった父は殺されてしまった。私を頭に子どもを6人も殺されて母は大変でした。……キャプテン・ハギノのやったことは、人間としてやるべきことではなく、タガログ語でいう『恥知らず』だよ」（石田甚太郎著『ワラン・ヒヤ』）

この証言を始め、日本軍による虐殺から生き残った人々のそれは、多数の書物や映像などが残されている。

なお、この証言に出てくるキャップテン・ハギノとは、当時、このバタンガス州一帯の守備に当たっていた藤兵団・歩兵第17連隊第2大隊の少尉であり、このバウアンなどの住民虐殺の責任を問われ、戦後の戦犯裁判で銃殺された。

そして、この第17連隊を始めとする指揮下の部隊に「ゲリラ粛正」の命令を下した、藤兵団の歩兵第17連隊長・藤重正従大佐は、同兵団参謀の上原少佐とともに、1946年3月、戦犯裁判で絞首刑になった（詳細は後述）。

「バウアン虐殺のメモリアル」は、バウアンの街の中心部の、バウアン・カトリック教会のほぼ向かいにある。三叉路に面した一角に公園があり、「合掌」の碑と住民たちの嘆きの像が建て

られている。このメモリアルは、20年ほど前に建てられたという。

メモリアルには、写真前頁・左頁のように、中央に抗日ゲリラ、右手に民間人犠牲者、左手にスペイン時代からの歴代市長の名前が刻まれている。

●カランバのリアール三叉路のメモリアル

筆者は、バウアンからマニラ方面に戻り、ルソン島最大の湖・バイ湖の畔の街カランバを訪ねた。この地も日本軍によって殺された住民のメモリアルが、あちらこちらに建っていると記録されているからだ。

最初に訪ねたのは、カランバのリアール地域のメモリアルだ。このメモリアルは、ほとんど知られていないので、探すのは苦労するだろうと思ったが、以外に手間はかからなかった。というのは、大抵の大都市は、今、グーグル・マップで探すことが出来るからだ。

リアールのメモリアルは、カランバの街からリアル・ロードを南へ下る、カランバ・ビジネスセンターの、約400メートルの道路左、三叉路の一角の公園に建てられている。

公園と言っても、とても小さなもので、道路の一角がそのメモリアルが建つ場所だ（写真下）。

碑は、写真に見るように、白いプレートを支える両手のような形の石碑で、その中に碑文がある（写真左）。そこには、「1945年2月12日、このリアールのバランガイで日本軍によって2千人の男性が、ラグナ州カランバから欺かれて集め縛られ、正当な理由もなく銃剣で虐殺された。

一九六五年十一月一日　カランバ・ライオンズクラブ」

とタガログ語で書かれている。

　2千人という殺害の人数は、驚くべき規模である。もちろん、この戦争の時代に、亡くなった住民の記録は正確ではない。また、このマニラ南部一帯には、当時、マニラの戦禍を逃れる人々が、多数避難していたというから、ますます不正確にならざるを得ない。

　だが、このような中で、多少の誤りがあるとしても、このカランバで7千人以上、リパで1万2千人以上、バウアン、タナワン、サンニコラスなどで2万5千人以上が虐殺されたとされている。

　あの藤兵団長・藤重正従大佐は、「世界史に残る殺戮戦をやれ」と号令をかけたという。恐るべき命令である。

●カランバのサンペロハン小学校のメモリアル

リアール地域のそれと異なり、この場所のメモリアルは、相当知られている。ここは、書籍でも、旅行記でも、「カランバのアプライヤ小学校の前にある」と記録されている。

ところが、このカランバの街に今、アプライヤ小学校という名の学校は、地図のどこを見てもない。この名前の学校は、近くでは北部のサンタ・ローサにあるだけだ（アプライヤとは、タガログ語で湖の畔。したがって、この学校が新しく幾つかに別れた可能性がある。また、後述するように、碑文も替わっていることから、メモリアルの設置場所も移転したようだ）。

リアールの虐殺現場との関連から、サンタ・ローサは遠すぎるので、筆者はカランバのバイ

湖の畔にある、サンペロハン小学校に行ってみた。国鉄カランバ駅から東へ1・5キロの所だ。

小学校に着き、入口のガードマンに聞くと、そのメモリアルは、学校の裏手のあたりにあるという。

学校の右の角から入り、しばらく行くと左側に畑のあぜ道が続く。それを進んでいくと集落にぶつかる。さらにそこを抜けていくと、だいぶ離れているが、確かに学校の裏手にそれはあった（写真上）。集落の小さな広場のような場所に、水色の塀と鉄柵に囲まれた水色の石碑が建てられている。記念碑の中央のプレートに、タガログ語で碑文が刻まれていた（写真右頁）。

「平和のための犠牲
1945年2月12日に、この地で日本の占領中に惨殺されたすべての女性と子どもたちのメモリアル。その過去を忘れないために、また平和のために、このメモリアルは建てられた。

法律家協会の日本連盟」

記録では、この移動前の碑文には、小学校の西のカランバ・リアールのバランガイ（集落）で、男たち約400人が殺されたと記されていた。人々は小学校に集められ、カランバの教会に連れて行かれ、その後、殺害されたと。

おそらく、このメモリアルは、リアールの三叉路に建てられたメモリアルと一対をなすものだろう。殺害された日付も同じ日である。カランバで殺害された約2千人のうちの約400人が、ここに祀られているということだ。

このメモリアルある小さな広場は、地元の子どもたちの遊び場でもあった。碑の横の木には、男の子が得意気に登って、高いところから筆者を見下ろしていた。

お祈りを済ませ、写真を撮り終わり帰ろうとすると、道の反対側に出店を出していたオヤジさんに呼び止められた。タガログ語で「子どもたちのために20ペソ（約50円）を出してお菓子を買ってくれ」と言う（筆者はタガログ語は全く出来ないが、意味を了解した）。

そのお金を出すと、どこにいたかと思うほどの、たくさんの子どもたちがワーと一斉に声を上げて筆者の周り、出店に群がった。そして、オヤジさんの出す小さな袋入りの菓子を引った

くるように受け取っていた。十数袋はあっただろうか。しかし、子どもはそれ以上いたように思う。

　お菓子は充分に足りたのだろうか。突然の出来事だった。もう少しお金を渡していたらと思う。

　この出店は、このメモリアルを訪れる人々のために開いているのか。だが果たして、この場所を訪ねる人々がどれほどあるのだろう。

●日本人がフィリピンの人々のために建てた世界平和祈念塔

　カランバから南へおよそ40キロ、バウアンの方へ引き返すと、この地方の中心都市リパに入る。このリパもまた、日本軍によるすさまじい虐殺の現場となったところだ。

　そのリパには、フィリピン在住の日本人・三木睦彦さん（故人・民間団体「比日文化協会」会長）が、このフィリピン人の犠牲者のために建てた、世界平和記念塔（ルンバン・ピース・タワー）がある。

　リパ市内から山手の方に進むサント・トーマス・リパ・ロードを東へ行くと、リパ・アニミ

ロス・ロードに入るが、しばらく行くと集落の前の三叉路に出る（前頁写真）。この角に高さ10メートルのタワーが見える（写真左頁）。

三木さんは、「日本兵が死んだ土地では草木が育ち、その草木とともに生きているのが比人だ。日本人は比人犠牲者の慰霊や今を生きる比人のためになるようなことをしなければならない」と言い、このタワーの総工費約350万円を個人約150人と、リパ市内に進出した日系企業から集め、建立したという（1995年）。

このタワーと碑は、少し荒れており、一角に置かれている案内文もすでに判読不能となっているが、「日本人の良心」を示す唯一のメモリアルと言えるかもしれない。

このリパを始めとするバイ湖周辺には、多くの日本企業が進出している。周辺の主要道路を走るだけで日本企業が広大な敷地を所有しているのが目に付く。このような中で、三木さんを始めとする現地の日本人が、ささやかであれ、あの戦争によるフィリピンの人々の犠牲を「忘れない」ことは大事なことだ。

生き残った被害者たちの証言

日本軍による、もっとも悲惨な無差別虐殺であったリパ事件（ルンバンを初めとするリパの周辺地域の、いくつもの集落における虐殺）は、虐殺現場から生き残った人々の証言も、それを実行した日本兵の証言も多数が存在する。

「60年前の太平洋戦争末期に起きた『リパ大虐殺』。数少ない生き証人、イウフラシオ・レセノさん（76）、今なお消えない傷跡を指さしながら、『抗日ゲリラ掃討』名目の凶行を語り続けた。

『すべてが終わったのは翌5日の午前3時すぎだっ

たと思う。上向き状態で死んだふりをしながら、目を開けるとまん丸な月が出ていた。夜が明け、周囲から日本兵の気配が消えたころ合いを見計らい、川を渡って向こう岸へ逃げた。土手は住民の死体で埋まり、一緒に連行された兄を探したが見つからなかった』

近隣のカビテ州などに身を隠していたレセノさんがルンバン地区へ戻ったのは、日本軍がルソン島北部へ去った4月。住民の大部分が殺害された故郷は、敗走する際に日本兵が放った火と米軍機の爆撃により、家々の多くが焼失していた。兄も結局、戻らなかった(『まにら新聞』2005年12月11日付)。

戦争中、ルンバンの人口は約1700人であったが、この老若男女の住民ほとんどが日本軍に無慈悲に殺された。一村全てが消滅したのだ。そして今、その村の共同墓地には、虐殺された1527体が祀られている(この村は「ガナップ党」という全村あげての日本軍の協力村であった)。

●リパ虐殺に関わった日本兵の証言

『狂気　ルソン住民虐殺の真相』から

このリパ事件を始め、ルソン島南部の住民大虐殺に手を染めてきたのが藤兵団であった。

この藤兵団傘下で、リパ周辺に駐屯していた海軍第86飛行大隊所属の友清高志氏は、自らの部隊の大虐殺を以下のように証言する。米軍上陸直後の、１９４５年のことである（『狂気　ルソン住民虐殺の真相』現代史出版会。写真左頁は、刺突された少女）。

2月25日。サンタクララ司令部の藤重大佐は、傘下各隊の中隊長以上に緊急召集《（ママ）》を発令した。……各将校をみまわした兵団長は、一呼吸をおいて口を切った。

「ゲリラが、いかに我軍に危害を加えているか、諸士の報告で明瞭である。このゲリラを徹底的に粛正すべき時がきた！　住民でゲリラに協力する者あらば、そいつもゲリラと見做せ。責任は一切この藤重が負う。対米決戦はそれからだ！……藤重はつづけた。

前列中央に立つリパ地区防衛隊長・田辺少佐（第86飛行大隊長）に、「思い切りやってしまえ。後世の人間が世界戦史をひもといた時、全員が鳥肌立つような大虐殺をやってみせろ」……

田辺作戦命令第0号

粛正命令

余は藤兵団命令に基きゲリラを粛正せんとす。MG小隊長山野准尉は、2月26日、各隊より差し出す兵力を区処に就かせ、リパ小学校に集合するアニラオ、アンチポロ村のゲリラを粛正すべし。細部については、作戦主任金沢中尉をして指示せしむ。余は地区隊本部にあり。

リパ地区防衛隊長　陸軍少佐　田辺孝太郎

……金沢中尉は冒頭、命令受領者の山野にこう言った。「明朝、アニラオ、アンチポロから16歳以上、60歳までの男ばかりをリパ小学校に誘導してくる。……皆殺しにしろ」

……隊伍を整えてきた住民たちを、丸腰の兵隊が先着順に教室に誘導し、満員になると次の教室に導いた。……「林に近い出口の教室から順に、十人一組となって出て行きなさい。林の入口に係の兵隊がいる。その兵隊に村名と氏名を言えば通行証明書を渡す。」

……最初の10人が手ぶらの菅原軍曹の誘導で校舎の北側袖口から出てきた。……菅原軍曹は、冷静に、何食わぬ顔で先頭を切った。

……仄暗い崖淵では、抜刀した2人の将校が、愛刀の試し斬りをせんものと手ぐすねを引いて待っている。さらにその奥には、銃剣をキラめかした一団が見える。菅原軍曹は、住民の先頭が崖淵3メートルにくるやストップをかけた。「突け！」「えい！　やあ！」

8人の斜め背後左右から、渾身の力をこめて突き出す兵隊の銃剣は×字に胴体を貫いた。……8人の躯は先頭から芋づるのように連なり、崖下へ転落した。

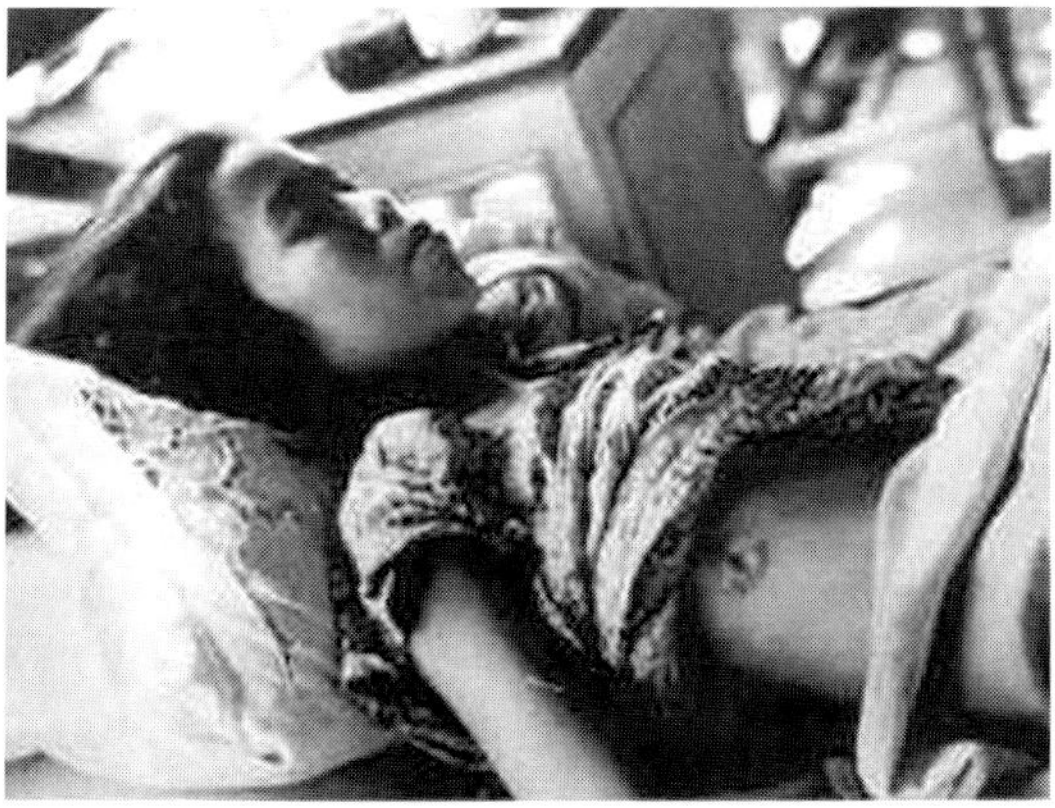

……銃剣を突き出す兵隊達の顔面も蒼白だった。緊張の余りもあろうが、無抵抗とはいえ同じ人間を自分の手で殺すのだ。雄叫びをあげる兵隊もいるが、足の震えが止まらない

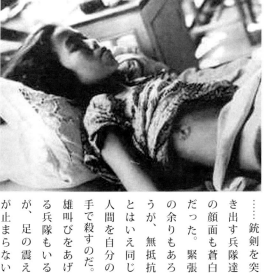

兵隊もいる。ただ共通しているのは、殺意と感情の激昂で、彼らの眼は顔色とは裏腹に、ほうずき色を帯びてきたことである。

……渓谷の底を流れる白濁の水は、死体が転落していくにしたがい、どろりと赤味を増し、人間の呟きのようにぶつぶつと泡立っていった。そして流れはいつか死体の累積によって堰き止められた。

この二つの村の男たち約８００人も、全員が殺害された。そして、同様の方法で日本軍は、先のルンバンを始めとする周辺の集落の住民たちを「村ごと」殺害していった。

米軍の上陸と日本軍の崩壊

このリパを始めとするルソン島南部の住民虐殺を日本の公式記録は、以下のように記している（『戦史叢書　捷号陸軍作戦②　ルソン決戦』）。

「藤兵団は敵がリンガエンに上陸したのちも、依然、兵団地域内に敵の新上陸があると考えた。1月中旬～下旬における兵団長の苦慮は、（1）兵団地域内の上陸は何処に行われるか、（2）激化したゲリラの跳梁と住民の匪化をどうするか、（3）ロスバニオスの俘虜をどうするかなどであった。

兵団長は1月中旬、わが討伐地優待がサンパブロ地区で約10名の死傷を生じ、次いで同22日前後に集成討伐大隊が同方面で十数名の死傷を生じるや、25日、中隊長以上を会同し、『対米戦に先立ちゲリラを粛正する』命令を下した。この際、『現状をもって推移すれば対米戦を待たず自滅に至る』旨を述べ、『住民にしてゲリラに協力するものはゲリラとみなし粛正せよ、責は兵団長が負う』旨述べた。部隊はこれにより粛清を行った（この結果、兵団長は終戦後連合軍から絞首刑に処せられた）」（傍点筆者）

これが、日本のリパ虐殺などに関する「公式記録」の全てである。何の反省もないどころか、それが「ゲリラ掃討作戦」であったと正当化さえしているのだ。

事実としては、「ゲリラの掃討」どころか、日本軍に全面協力していた住民でさえ、「情報漏れを防ぐ」という口実で、「一村」丸ごと殺害していったのだ。

藤兵団司令部のパニックの背後にあるのは、連合軍の上陸であった。45年1月9日、リンガエン湾に上陸し、一路マニラを目指して進撃していた連合軍は、1月31日、ルソン島南西部のナスブグに空挺師団が上陸し、同時にタール湖の北部のタガイタガイに空挺部隊が降下した。

バタンガス州サンタクララ（リパの北）に司令部を置き、この地方での米軍上陸に備えていた藤兵団（歩兵第17連隊長・藤重正従大佐＋海軍の海上挺進隊など）は、この事態に驚愕したのだ。

確かに、この連合軍上陸とともにゲリラ勢力が活発化することは確実であった。占領軍としての日本軍は、住民の生活改善どころか、軍票を乱発し経済を崩壊させ、さらにはおよそ60万人を超える日本軍の糧食を「現地調達」し、住民を飢餓においこんでいたからだ（写真上は連合軍の物資輸送を行う住民）。

しかし、繰り返すが、日本軍が殺害したのは、こうしたゲリラの協力者だけでなく、「日本軍協力者」も多数含まれてい

たのだ。つまり、日本軍の「人種差別主義」が、この残虐な事態を生じさせたのである。

●日本軍戦犯たちが収容されたモンテンルパ

モンテンルパは、マニラ市内からそう遠くはない。約20キロ前後の道のりだ。場所はバイ湖の西の畔である。

インターネットや文献などによると、このモンテンルパは、ニュー・ビリビット刑務所内にあるとされている。

だが、この記述は正確ではない。正しくは、この刑務所の南の、刑務所が管轄する墓地の一角にある、というべきだ。

モンテンルパ市内から、トライシクルなどが行き交うニュー・ビリビット刑務所の通りに来ると、すさまじい賑わいである。

フィリピン最大の刑務所であり、収容者1万数千人を数えるというその門前は、大変な人出だ。休日などは、朝早くから何百人かの面会人で混雑しているという。

この刑務所内の正面から右手の、警備員が立っている道路を反時計回りに行くと、刑務所の裏手に出る。この裏手の道路を約２００メートル下り左に曲がると、ダン・ハリ・ＳＬＥＸ・コネクター（高速

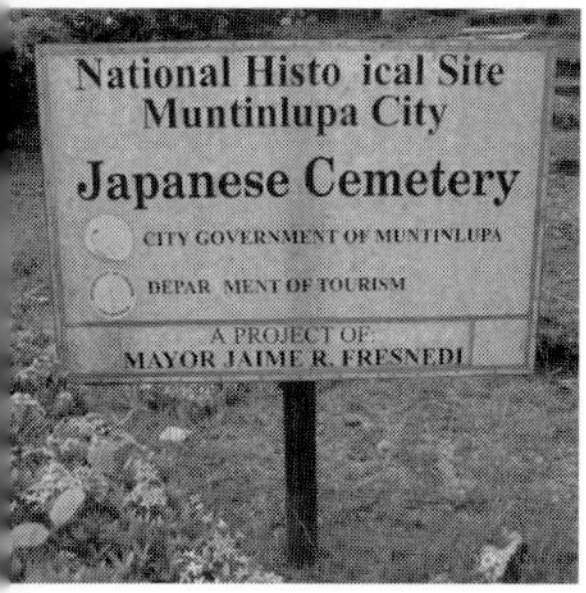

道路の支線）という道路と交差し（下を走っている）、その先の一角にカトリックの墓地や集落が広がる。

モンテンルパの記念碑は、その集落に囲まれた少し小高い所だ。右頁の写真は、そのモンテンルパ記念碑の入口であるが、天使の像が立っているように、カトリックの墓地の入口でもある。

この先にモンテンルパ記念碑の入口があるが、普段は施錠されている。しかし、この周辺をウロウロしていると、近くで遊んでいる少年たちが、施設の管理人を必ず呼んでくれるそうだ。実際に、筆者がそうしていると、少年がやって来て、管理人はすぐに来た。

記念碑の入口の側

に「ジャパニーズ・セメタリー」の看板が立っている（写真前頁）。こぢんまりした墓地は、綺麗に手入れされ、中には椰子の木をはじめ、いろいろな草花が植えられている。

この庭園の一番高い場所に、両手を合わせた形の白い碑が建てられているが、これがこの地で戦犯として処刑された兵士たちを祈念する碑だ（世界平和祈念之塔）。この碑の高さは、6メートル以上はあろうか。1981年に建立されたことが銅板に刻みこまれている。

その右手には、その処刑者たちを祀るお堂がある（写真下）。その中の平和観音像の周りに「えびの市」「小林市」「高原町」などの「戦没者」の墓碑が見えるが、ここで処刑された兵隊たちの出身地の墓碑である（宮崎県が多い）。

庭園の階段を降り一番下へ進むと、ガラスケースに入った処刑された人たちの写真が飾られている。

だが、この写真は劣化していて、ほとんど顔の見分けがつかない。14人の写真が展示されている。

このモンテンルパの、受刑者・死刑囚たちの悲愁を歌った、渡辺はま子のヒット曲『あゝモンテンルパの夜は更けて』は、当時、日本国内で大きな反響をよんだ。

この歌を聴いた、当時のキリノ大統領は、日本との「賠償協定の締結交渉に配慮する」ためにも、と、モンテンルパの収容者たち全員に特

赦を与え（死刑56人、無期刑20人、有期刑29人、合計105人）、1953年、全員が日本に帰国することになった。
日本では、東京裁判はよく知られているが、このマニラでの米軍による「マニラ軍事裁判」とフィリピン政府（独立）による「フィリピン軍事裁判」は、あまり知られていない。
ここでは、あわせて日本軍将兵の363人が起訴され、そのうち148人が死刑判決を受けた。この受刑者の多くは、朝鮮半島出身者・台湾出身者の軍人・軍属を含む「日本軍人」、いわゆる

BC級戦犯であった。この中の前述の14人は、1952年に死刑が執行されたのだ。

また、歩兵第17連隊（秋田）の住民虐殺については、この裁判で有罪判決を受けた者は20人あまりに及び、その中で処刑されたのは、藤重大佐以下5人であった。

戦犯の中でも、山下奉文大将と本間雅晴中将の2人は、それぞれ別の場所で処刑され、埋葬されている（写真前頁はニュー・ビリビット刑務所）。

●フィリピン無名戦士の墓

フィリピンの戦争で戦死した比軍兵士たちを実際に埋葬している墓地が、マニラの南部タギックにある「無名戦士の墓」（LNMB）である。ここには、カパスなどで亡くなった兵士3万2268人が埋葬されている。

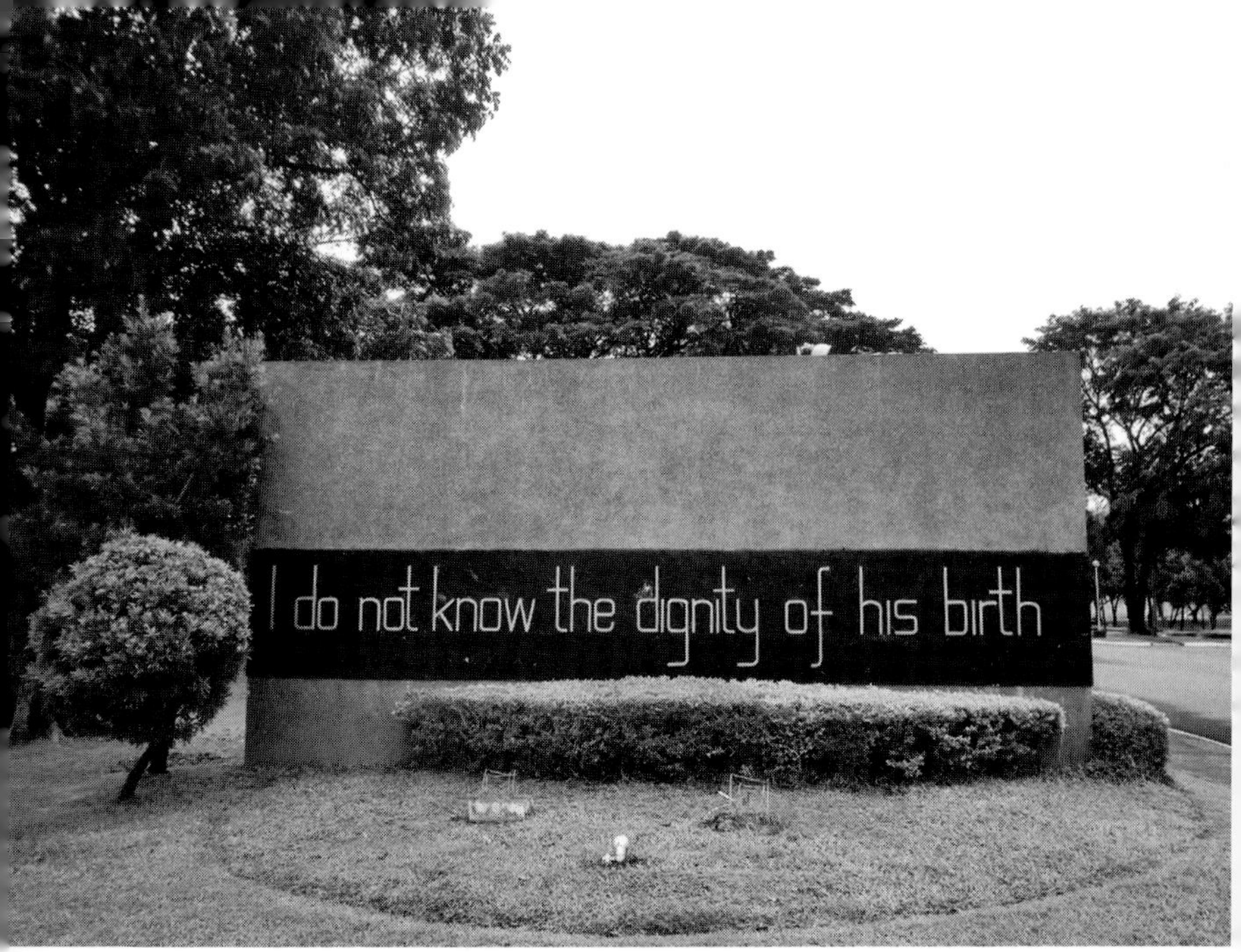

場所は、マカティの南、ちょうどマニラ空港滑走路の東の端あたりだ。国鉄ニコルズ駅の先の「カルロス・P・ガルシャ・アベニュー」を左に回り、約1キロ先の左手に墓地はある。し

かし、入口はこの反対側にあるから回り込まねばならない。そこを入ると、逆三角形の白い3本の塔があり、その先の墓地入口に無名戦士たちへのメッセージがある（前・前々頁写真）。

「私は彼の誕生の尊厳は知らないが、彼の死の栄光は知っている」

ここを入ると、左右に兵士たちの墓が広がり、この公園墓地の中心部に3本の白い石柱が立つ。この石柱の前では、一定の時間、正装し、武装した2人の兵士が立っている（前頁写真）。

この石柱から墓地は、放射状に広がっているが、墓地にはフィリピン戦争の戦死者の他、フィリピンの元大統領も埋葬されているという（2016年1月の明仁天皇の訪問では、この地とジャパニーズ・ガーデンが選ばれた）。

●マニラ・アメリカン・セメタリーとメモリアル

この無名戦士の墓から北へ約2キロ、マカティ市のビジネス街に近い所（写真右）の広大な敷地に広がるのが、米軍の墓地・記念碑だ。

米軍の、フィリピン戦を中心とする約1万7千201人の戦死者の墓があるというが、

その中央の十数メートルの石碑（チャペル）にはモザイク壁画が描かれている。そして、その周りの壁の銘板には、この戦争による行方不明者3万6千286人の一人ひとりの名前が刻まれている。

この米軍墓地は、かつて日本軍第14軍司令部が置かれていたと言われる。

●日本の軍民戦没者を祀る　ジャパニーズ・ガーデン

ジャパニーズ・ガーデンは、マニラからおよそ120キロ、バイ湖の東にある小さな湖、カリラヤ湖（ラグナ州）の湖畔にある。明仁天皇が今年1月に訪ねた所だ。

メディアの多くは、この地をマニラ郊外と伝えたが、これは意図的な誤報だろう。

というのは、ここはマニラ市内から隔絶されたともいえる場所で、容易に来れるところではない。こんな僻地に〝ジャパニーズ・ガーデン〟（写真下の入口）と名乗って日本軍の慰霊碑を建てたのは、やはりフィリピンの人々の、戦争に対する「怒り」を避けたかったのだろう。

そのガーデンという広い敷地の中の、一段と高い丘に置かれているのが、写真左の慰霊碑だ。

慰霊碑は、岸元首相が提唱して1973年に建てられたが、彼の思想を反映して慰霊碑の横の敷地には、鳥居が建てられている（写

真左)。
日本軍の、フィリピン戦争での戦死者は、陸軍50万3千606人の兵員のうち36万9千029人、海軍12万7千361人の兵員のうち10万7千747人であり、総計は兵員63万967人のうち、戦死者が47万6千776人にものぼる(1964年に49万8千600人に修正。民間人を含めると51万8千人。この軍戦死者数は、中国戦線よりも多い)。この中で海没者、つまり、日本からフィリピンへの海上輸送中、あるいはマニラからレイテへの海上輸送中の死者は、約

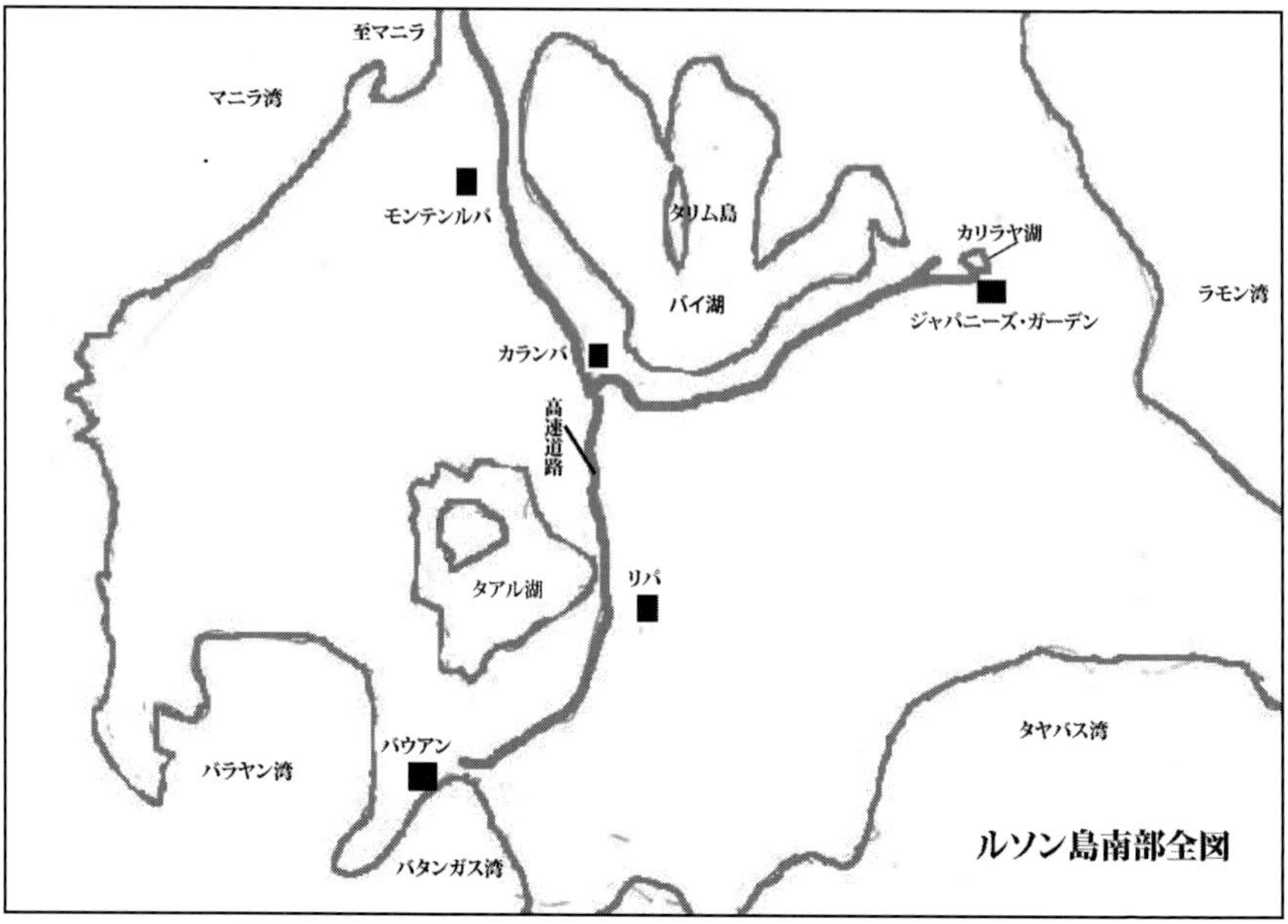

３万人にのぼるという。

海没者はもとより、各地の死者についても、未だにその半数近くの遺骨が、フィリピンの山野に埋もれているのだ。

私たちは、この日本軍の死者たちはもとより、いや、それ以上に一方的に過酷な犠牲を負わされたフィリピン民衆の心の痛みをしかと刻まねばならない。

第7章　フィリピンでの日・米比軍の戦争——1941〜1945年

——「本土防衛」の捨て石にされた日本軍兵士とフィリピン民衆

マニラ市内を進撃する米軍（マニラ市街戦）

●アジア・太平洋戦争の開戦とフィリピン

日本のフィリピン占領計画

筆者は、今までフィリピンでの日・米比軍の戦闘の詳細については、最小限の記述にとどめてきたが、この章ではできるだけ詳細かつ簡潔に述べておきたい。

読者には、これらの日・米比軍の戦闘について、専門的で難しいと感じる人も多いと思う。しかし、このフィリピンでのアジア・太平洋戦争の実態を深く認識しないと、戦争の実際の様相が理解できない。

「大日本帝国」のフィリピンの攻略・占領計画は、1923年に作成され、何度も改訂されている。この計画の最終的完成は、1940年であった。

計画では、開戦初頭に陸軍航空部隊約180機が海軍の約100機と協同して、フィリピン方面の敵航空隊を急襲・撃滅する、陸軍主力はリンガエン湾に上陸するとされていた。

この陸軍兵力は、第7、第16師団および混成1個旅団、戦車2個連隊、15榴弾砲連隊などを基幹とする、と決定された。

こうした計画をもとに、41年9月6日、「帝国国策遂行要領」が、御前会議で決定された。これは、比島攻略作戦のために、約2個師団・1飛行集団を基幹とする1軍をあたらせる（第14軍の兵力約6万5千人）とするものであった。

このような日本軍の攻略計画に対し、アメリカの開戦当初のフィリピンを防衛する兵力は、地上兵力が米国正規軍4万2千人、同海兵隊900人であり、飛行機は陸海空軍で約160

機であった。その他に比島国防軍（フィリピン軍、以下同）14万人が予定されていた。

しかし、比島国防軍14万人というものの、日本側は、この比島国防軍はほとんど戦力がないと判断していた。

このアメリカのフィリピン防衛戦略の基本は、艦隊をハワイにとどめ守勢をとり、フィリピンには海軍の増援勢力を派遣しない。つまり、アメリカは、フィリピンにおいては、戦略的守勢をとり、長期的に日本を経済的に弱体化し、反撃態勢をとるというものだ。

日本軍のリンガエン湾上陸

１９４１年12月８日、日本軍はハワイとマレー半島に同時に奇襲攻撃を敢行し、アジア・太平洋戦争開戦の火ぶたをきった。

この真珠湾攻撃の10時間後、台湾の航空基地から飛び立った日本軍の編隊は、ルソン島中部のクラークなどの米軍基地を爆撃し、その航空戦力を壊滅状態に追い込んだ。

こうして、フィリピンでの圧倒的な航空優勢を確保した日本軍は、12月22日、主力の第14軍（尚武集団・軍司令官・本間雅晴中将）をルソン島北西のリンガエン湾に上陸させ、また一部は24日、ルソン島南東のラモン湾に上陸させた。

上陸に備えて、米比軍は、主力を中部ルソンに集結して、リンガエン湾からの日本軍の上陸に備え、また一部を南部ルソンに配置していたが、その防御戦略の基本は、全部隊をバターン半島とコレヒドール島に集結し、長期持久戦に持ち込むことにあった。

日本軍の上陸は、以下のように進行していった。

軍主力の第48師団は、12月22日午前5時ころ、第1回上陸部隊（歩兵第17連隊他）がリンガエン湾北のアゴーに上陸、占領した。そしてその後、海岸道路を南下し、すぐ南のサント・トーマス付近で、米軍戦車約15両に遭遇し、これを撃破した。

また、第48師団司令部他は同日、リンガエン湾北、サンチャゴ南のカバ—アリンガイ付近に上陸、この周辺を防御する米比軍を撃滅した。

日本軍のリンガエン湾上陸時においての、米比軍の水際防御態勢はほとんどなく、上陸後の抵抗も非常に弱体であった。

こうして、上陸第2日目に第48師団は、リンガエン湾からルソン島中部に通じるマビラオ、ボボナンに進出、26日には一部の部隊は、内陸部のカルメン、ロザレスを占領した。

この経過の中で、中部ルソンに集結した米比軍の4個師団は、第11師団主力がリンガエン湾沿岸で、第71師団主力がロザリオ付近で、第91師団主力がボソルビオの付近で、それぞれ少なからぬ損害を受け、第31師団は、バターン半島のマリベレスに後退した。この戦況の中で、マッカーサーの米極東陸軍司令部もまた、24日、コレヒドール要塞に退却した。

日本軍のマニラ占領

こうした中、日本軍は、首都マニラを攻略するため、マニラから北へ約１２０キロにあるカバナトゥアン—タルラクの線へ進出した。このマニラへの攻略態勢に突入した日本軍に対して、12月27日、マッカーサー司令部は、同市の「無防備都市宣言」を行い、米比軍は一斉にバターン半島に後退・集結し、孤城態勢を敷いたのである。しかし、このバターン半島への退却に至るまでに、米比軍には大きな損害はなかった。

そして、翌年1月1日、日本軍はマニラ包囲態勢をとるため、マニラ北方20キロのボカウエ付近に第48師団を進出させ、同月2日、遂にマニラ市内のパシグ川以北の地区に侵入した。

閲兵する昭和天皇（1937年4月30日）

この中でラモン湾に上陸し、北上していた第16師団は、12月31日、マニラ北部のサント・トーマス大学を占領した。

こうして、日本軍は、リンガエン湾上陸以来、わずか10日でマニラを占領することになる。しかし、この上陸時からあまりの急速な侵攻が、米比軍を徹底的に軽視することになり、その後の大損害を招くことになるのだ。

●バターン半島攻防戦で苦戦する日本軍

応召兵部隊を投入した日本軍

日本軍のリンガエン湾に上陸した部隊の主力は、第48師団であったが、大本営はこの師団をジャワ作戦のために転用することを決定した。

つまり、フィリピンにおける米比軍との戦闘は、マニラ占領で基本的に終了したと判断したのである。

こうして、同師団は、2月1日、ルソン島を離れる予定となり、交代部隊として、第65旅団がバターン半島攻略戦に配置された(1月7日)。

ところが、この第65旅団は、傘下に歩兵3個連隊を編成していたが、その実態は2個大隊編成からなる欠員連隊であり、また旅団兵員は応召兵主体の、もともとは占領後の治安維持を任務としていた部隊であった。

これに対して、バターン半島に立て籠もる米比軍は、米軍第1師団、第31師団と要塞砲兵部隊の兵力約3万5千人。他に第11、第21、第41、第51などの各師団敗残部隊、戦車2個連隊などで、合計約4万5千人、戦車約40両と推定された(実際は約7万人以上)。この米比軍が、ナチブ山—サマット山からマリベレス山周辺に連なる山野に縦深の複郭陣地を築き上げていた。

さて、バターン半島は、幅20数キロ、長さ約50キロの親指のような形をしており、この中にナチブ、マリベレスの二つの山塊があり、東海岸は道路が発達しているが、西海岸は未開通の地というきわめて厳しい地形だ。この条件の中で、日本軍は主力を東海岸に進め、一部を西海岸での奇襲に使用すると決定し、1月20日にはマリベレス(半島最南端)を占領できると予測し、短期決戦を構えていた。

しかし、この予測は極端に甘すぎる見通しだった。日本軍は、バターン半島に孤城した米比軍の強力な抵抗に遭遇することになったのだ。ナチブ山に観測所をもつ米比軍の砲撃は、圧倒的威力を発揮し、また海岸から山腹に築かれた米比軍の陣地は、きわめて堅固であった。

こうして、これまで急進撃してきた日本軍の行動は停滞し、遂にここで両軍の膠着状況が生じてしまったのだ。

第65旅団の打撃と西海岸上陸部隊の全滅

実際に、第65旅団のバターン半島北部一帯への進出は、それほど困難ではなく、1月19日には半島中部の中心都市バランガ西方付近に達した。しかし、以後、米比軍の抵抗は激しく、日本軍第一線では死傷者が続出し、戦況は完全に行き詰まってしまった。

この膠着状況の中で日本軍は、第16師団主力の投入を決定した。しかし時すで遅く、この時期の第65旅団の各中隊の兵員は、平均60人ほどに減少し、損耗していたのだ。

結局、1月9日から24日までの第65旅団の死傷者は、1千852人（旅団兵員6千587人中戦死者は701人）を数え、日本軍上陸以来の戦死傷者の3割に達するというものだった。

こうして、2月8日、軍命令でバターン半島の米比軍への攻撃中止が決定された。

この間、他方では第16師団の2個大隊による無謀な「西海岸上陸作戦」が開始されたが、この部隊は上陸時に米比軍の包囲を受け、ほとんどの部隊が水際で、文字通り全滅したのだ。

米比軍は、ナチブ山からマリベレスを連ねる線以西に第1軍団、同線以東に第2軍団、マリベレス方面に1個軍団を配置し、その第一線陣地は、バガック南側からサマット山北麓を経てオリオン南側にわたっており、その後方のマリベレス山を中心に縦深陣地を築いていた。

そして、マリベレス—コレヒドール島間は、常時、艦船による交通・補給が行われていた。

こうして、バターン半島に立て籠もった米比軍兵力は、日本軍の予測の2倍、9個師団の約7万人にのぼり、これに避難民2万6千人が加わっていた。

また、米比軍の砲兵陣地は、サマット山を中心に総計百数十門を数え、この中の30センチカノン砲は、日本軍に「ドラム缶」と恐れられていた。これに、コレヒドール島からの山越えの砲撃支援が加えられていた。

バターン半島再攻略戦

攻撃中止後、およそ2カ月の態勢立て直しをへて、日本軍のバターン半島への再攻撃が始まった。まず、大本営は、2月8日、第4師団の増派を決定、高砂義勇隊（台湾の山岳少数民族の部隊。500人で編成、軍属として山岳などでの軍需品の運搬、患者の搬送）などの増強も決定した。

この中で、重点がおかれたのは、砲兵部隊である。24センチ榴弾砲、15センチカノン砲各10門の重砲を含む3個連隊が増派された。また航空支援も、重爆撃機を含む128機の支援が決まった。

こうして、3月24日〜4月3日の間、陸海航空部隊は、バターン半島の米比軍陣地を爆撃するとともに、コレヒドール要塞を爆撃・炎上させた。

そして、4月3日、総攻撃開始された。この日、陸軍砲兵隊の約300門の砲が、100機の重・軽爆撃機の航空部隊の爆撃と相まって米比軍陣地を砲撃し、サマット山の北西山麓のその陣地を完全に制圧した。

同時に第65旅団・第4師団の歩兵部隊が攻撃前進を開始し、米比軍の第一線陣地に突入した。この圧倒的な航空優勢と砲撃の中で、同9日、第65旅団・第4師団はマリベレス山一帯を占領し、4月12日までにバターン半島の米比軍の掃討を完了した（日本軍の損害は、4月3日から12日までに戦死407人、戦傷1千66人）。

万歳を叫ぶ日本軍兵隊

　この中で、日本軍が予想しえない出来事が起こった。降伏した米比軍の捕虜が、約7万人以上に達してしまったことだ。ここから「死の行進」という、サン・フェルナンド（この地点から先の収容所までは貨車）までの、102キロの強行軍による大量の死者が生じたのだ。

　これは、日本軍が「大量の捕虜」の出現という予測ができなかったばかりでなく、その「捕虜の取扱」に関する、国際法規さえ無視した結果であった。

　このバターン半島陥落前の3月12日、マッカーサーは、妻子ら20人とともにコレヒドール島を脱出、魚雷艇でミンダナオを経由し、オーストラリアに退避した。

日本軍のコレヒドール島攻撃

　バターン半島を制圧した日本軍は、直ちに第4師団にコレヒドール島占領を命令した。

　コレヒドール島は、東西6・5キロ、南北2

キロ、周囲17キロで、バターン半島南端のマリベレスからは約4キロの距離で、ここを固める米比軍の要塞兵力は、約1万人と推定された。

その兵力の中心は、バターン半島内部まで撃ち込む強力な砲兵部隊であった。砲兵は、マニラ湾要塞司令部傘下の重砲兵第59連隊以下5個連隊で、30センチカノン砲、30センチ臼砲など30数門、高射砲20数門、トーチカ25個などで編成されていた。その司令部もまた、マリンタ・トンネルという堅固な地下に築かれていた。

日本軍は、4月20日からコレヒドール島の砲爆撃を開始し、特に29日には約5千発の砲撃を行った。そして、5月4日から上陸支援砲撃が開始され、空からは航空部隊の支援爆撃も行われた。

この上陸支援の砲爆撃を受けて、5月5日、第4師団左翼隊の一部が、コレヒドール島のカバルリー岬─インファントリー岬（東海岸）などに、翌日、主力がモリソン岬─バッテリー岬（西海岸）に上陸した。

左翼隊は、米比軍の激しい抵抗を受けるが、右翼隊の上陸地点の抵抗はほとんどなかった。というのは、島の米比軍の重要施設は、日本軍の砲爆撃でほとんど破壊され、機能停止に陥っていたからだ。

しかし、日本軍の性急かつ無謀な上陸作戦の結果、東海岸に上陸した部隊では、約900人の死傷者が生じた。これは、この上陸部隊の2分の1弱にもなる損耗であった。

こういう状況の中で5月6日正午、米比軍陣地から白旗が上がり、次いで米比軍の軍使が現れ、降伏の申し入れがなされた。同日夕刻、日本軍はマリンタ高地を占領し、コレヒドール戦を終了した。

この日以降、日本軍は、コレヒドール島周辺のカバロ島（ヒューズ要塞約８００人）、カラバオ島（約２００人・軍艦島）、フライレ島（約４００人）を占領し、ルソン島での戦闘をほぼ終了したのである。

日本軍のフィリピン全島の占領は、41年12月20日ダバオ占領、翌年４月10日セブ上陸などと続き、同年６月９日までに、ほぼ終了した。

しかし、残存する米比軍部隊は、日本軍占領後も、42年８月のネグロス島蜂起を始め、各地で蜂起していった。つまり、フィリピン占領は、初めから、日本軍の「点と線」の占領でしかなかったということだ。

さて、日本軍のマニラ占領直後、日本軍によるフィリピンへの軍政が始まった。

１９４２年１月３日、軍政が布告された。これは、軍司令官の命令管理下にあるもので、一時的な軍政ではなく、日本軍の占領が続く限り軍政が続くことになった（形式的独立下においても）。つまり、フィリピンでの占領地行政は、文字通り、日本軍における作戦軍の任務であった。

これより前の41年11月、大本営は「南方占領地行政実施要領」を作成したが、これはフィリピンを「重要国防資源の確保」の要地として占領するという、まさしく典型的な軍事植民地政策であった。

そして、この軍の占領政策のもと、フィリピン民衆に対する宣撫工作と同化政策が始まった。国家神道の強制の下、天皇の臣民としてフィリピン人を同化していくものであった。

43年10月に日本軍は、フィリピンを形式的に独立させ傀儡政府をつくるが、この実態はお粗末なものであり、軍政の根本は変わらなかった。

●日本軍の敗勢と連合軍のレイテ上陸

「絶対国防圏」の崩壊

しかし、開戦以来、破竹の進撃を続けていた日本軍は、42年半ばのミッドウェー海戦の敗退によって次第にほころびを見せ始め、43年2月のガダルカナル戦では、この戦争で初めてという米軍・連合軍への地上戦での敗退を喫した。

このような、太平洋での連合軍の包囲が次第に強まる中、43年9月、大本営は「絶対国防圏」を設定した。

この絶対国防圏とは、「帝国戦争遂行上太平洋及印度洋方面ニ於テ絶対確保スヘキ要域ヲ千島、小笠原、内南洋（中西部）及西部ニューギニア、スンダ、ビルマヲ含ム圏域トス」（1943年9月、御前会議）というものであった。

ところが、この絶対国防圏とされたマリアナ諸島は、44年7月にサイパンが、8月にはグアムが、米軍にいともたやすく短期間で攻略されてしまった。

こうして、太平洋を島伝いに北上する連合軍は、ついにフィリピンに到達することになったのだ。

1944年、サイパン失陥が決定的になり、絶対国防圏の崩壊が見え始めたとき大本営は、次に「千島列島―本土―比島の線での背水的決戦」の、いわゆる「捷号《しょうごう》作戦」を号令した（7月24日）。

これは、比島方面を「捷1号」、南西諸島・台湾方面を「捷2号」、本土方面を「捷3号」、北海道・千島方面を「捷4号」と称するものである。

この間、日本軍は次の決戦をフィリピンと予測していたが、太平洋を北に追撃していく連合

レイテで連合軍艦隊の攻撃を受ける戦艦武蔵

軍は、同年10月中旬、台湾を空襲し、ここで両軍の一大航空戦が行われたが、この戦闘でも日本軍は大敗してしまったのだ。

そして、この戦いに勢いづいた連合軍は、同年10月20日、レイテ島に上陸作戦を開始した。これに対し大本営は、「捷1号作戦」を発動した(19日)。

この直前の7月、第14軍は第14方面軍に昇格し、方面軍司令官に山下奉文《ともゆき》大将が就いた。

連合艦隊の壊滅

この連合軍のレイテ上陸作戦の開始に対し、大本営は10月下旬、連合艦隊に総攻撃を命令し、レイテ沖で連合国軍艦隊との一大海戦を行った(この戦いは、レイテ沖海戦として知られている)。

この海戦において連合国軍は、ニミッツ麾下《きか》の第3艦隊の16隻の高速空母、81隻の巡洋艦などを結集して戦い、日本海軍も連合艦隊の総力を結集して戦った。

だがその結果、日本海軍は、空母4隻が全滅、戦艦3隻（「武蔵」も撃沈）の他、多数の巡洋艦・駆逐艦も沈没・損傷した。航空機もまた、約500機を失った。

こうして、世界に誇った日本の連合艦隊は、レイテ沖で事実上壊滅したのだ（この後「陸に揚がった連合艦隊」として、日吉台［慶応大の日吉校舎］の地下壕に「旗艦」が移る）。

問題は、この「台湾沖航空戦」「レイテ沖海戦」の勝利を信じた大本営が、当初の「ルソン決戦」という戦略を変更し、「レイテ決戦」へと、なし崩し的に移行したことだ。

だから、当初レイテは、1個師団の配置による防御であったが、12月に入って4個師団に増

レイテで敗走する日本軍の兵隊たち

戦艦武蔵の艦上で記念撮影をする昭和天皇（左右両方から９人目）

派するという、まさしく「戦力の逐次投入」という、もっとも愚かな作戦に陥ってしまった。

そして、その愚かな作戦には、さらに、とんでもない「大戦果」を自ら信じ込むという愚かさがあったのだ。

台湾沖航空戦についての大本営発表は、連合国軍艦隊の「轟撃沈・空母10隻・戦艦２隻」などという画期的「大勝利」であった。だが、実際はその戦果は何もなく、日本海軍の大敗北であったのだ。

しかし、この「誤報」を、海軍は陸軍に一切知らせず、陸軍はこの戦果を信じたまま、レイテ決戦に突入することとなった（連合国軍艦隊の壊滅的打撃で、レイテで勝利できるとして）。

要するに、軍は国民を騙しただけでなく、自らも欺き、その結果、自己崩壊し始めたということだ。

レイテ地上戦の悲惨な敗北

レイテにおける日本軍の地上戦も、悲惨をきわめるものとなった。

レイテに投入された日本軍は約7万人であるが、対する連合軍の上陸部隊は約26万人にのぼった。

この劣勢を埋めるために、日本軍は逐次増派部隊を送ったのだが、制海権・制空権を失っていた日本軍のマニラからの増援部隊は、ほとんどが海中に沈められるという、悲惨きわまる事態を引き起こした。

実際、ここでは輸送した武器弾薬・食糧の8割が、米軍の空爆などで沈められ、兵員の大半が裸同然で上陸するという有り様となった。

この劣勢を戦略的に挽回しようと、すでに述べてきたように、日本軍は特攻攻撃などを発動したが、連合軍の圧倒的兵力の前にほとんど無力であった。

こうして、12月15日のレイテ島パロンポンの占領で、米軍はレイテ会戦の終了を宣言した。日本軍もまた、レイテからの撤退を命令した。

このレイテ地上戦では、米軍の戦死者は約3千500人であったが、日本軍のそれは約7万2千800人にのぼった。全兵力の約97%を失うという、かつてない悲惨な戦場であった（海没者を含めると約8万人）。

このレイテの戦況は、大岡昇平氏の『レイテ戦記』『野火』などの他、多数が記録されているが、餓死寸前の遊兵や逃亡兵たちによる「兵隊殺し＝食人」という、極限状況の戦場が描かれている。

●再びルソン決戦―連合軍の上陸作戦

連合軍上陸への日本軍の態勢

レイテで勝利した連合軍が、次の決戦の戦場として、ルソン島へ進撃することは明らかだった。この場合、連合軍の予想上陸地点は、かつて日本軍が上陸したリンガエン湾になる、これもまた明らかだった。

この予想される連合軍の上陸に対して、日本軍・方面軍は、主力をマニラ東方山地―クラーク飛行場西方山地、およびバギオ、バレテ峠の山地におき、リンガエン湾―ルソン中部に侵入する米軍を迎え撃つ、という態勢を敷こうとしていた。

つまり、日本軍の戦略は、サイパン・グアムなどでの水際戦闘、玉砕戦闘をやめて、縦深戦法―ルソン島の内陸部に連合軍を迎え撃つ「長期持久戦法」へと転換することになったのだ（本土決戦の時間稼ぎで、フィリピンを「捨て石」とした）。

このための日本軍の兵力は、陸海航空の総計で約40万人で、その内訳は第14方面軍指揮下のルソン島北部に（尚武集団）、第10・第19・第23・第103・第105の各師団と戦車第2師団（＋2個混成旅団など）、約15万人が配置された。

また、中南部ルソン島に（振武集団）、第8師団と2個の旅団、マニラ防衛隊などの約10万5千人が配置され、クラーク西方拠点に（建武集団）1個歩兵連隊と陸海軍航空部隊など約3万人が配置された。

その他に、第14軍・山下大将の指揮下にはない部隊が、多数存在した。

だが、連合軍を迎え撃つ日本軍には、決定的な戦力が喪失していた。これは、レイテ戦で最後の航空機を使用し、特攻攻撃を行った結果、航空戦力のほとんどを失っていたことだ。12月段階での可動機は、陸軍25機・海軍30機という状態であり、制空権は完全に米軍に掌握されていた。

さらに、在比日本民間人も、約2万3千人（ルソン島は6400人）いたが、このうち2千人が徴用・召集され、その他の民間人も軍とともにマニラから撤退した（44年12月15日、北部ルソンへの移動開始、在留日本人も疎開）。

マニラ市街戦問題にも言及しておこう。防衛省・自衛隊の戦史などでは、山下がマニラから軍主力の撤退を決定したが、海軍マニラ防衛隊の富永中将の反対で実現しなかったと言われているが、この問題の根幹は、やはり山下の不決断にある。つまり、マニラ海軍防衛隊は、第14軍・山下の指揮下にあるのであり、山下がマニラの

三菱長崎造船所で建造中の特攻兵器「蛟龍」（45年）

「無防備都市宣言」を行い、軍の完全撤退を行えば問題は簡単に処理できたのだ。

この山下の不決断＝責任が戦犯裁判で問われたのであり、百万都市マニラが市街戦の戦場に晒されたのである。

連合軍のリンガエン湾上陸

1945年1月6日、連合軍の艦隊約800隻が、リンガエン湾に姿を見せた。艦隊は、直ちに北サン・フェルナンド港に艦砲射撃を開始し、続く2日間、周辺一帯に艦砲と空爆を続けた。この砲爆撃で、リンガエンの街は廃墟と化したという。

そして、連合軍は、1月9日午前7時過ぎ、サン・ファビアンとリンガエン正面に上陸を開始した。この上陸は、ほとんど抵抗なしで、夕方までに水際に2キロの橋頭堡を築いた。この連合軍の第一波上陸軍3個師団とともに、マッカーサーもリンガエンに上陸した。

リンガエン湾に到来した、マッカーサー傘下の第6軍は、5個師団の約19万人の兵力である。これに、第14軍団の3個師団などが増強され、最終的にフィリピンに上陸した連合軍は10個師団に達した。

この連合軍の上陸に対して、水際での戦闘を控えていた日本軍は、突然の山下の攻撃命令で、水際の玉砕戦法を選ぶという混乱が生じた。しかし、これは完全に失敗に終わった。

この間、陸軍の海上挺進隊第12戦隊（漁撈隊・「マル八」という）が出動し、海上の特攻攻撃を行った。ここに配置されたのは、小型舟艇に爆雷を装填した70隻の特攻船である。これは、海の初めての特攻隊であり、その奇襲効果もあり、米艦船3隻に損傷を与えた。

しかし、この体当たり攻撃の実際は、この戦争全体を通じてほとんど戦果がなかったことを記録すべきだろう。

大本営が捷号作戦に準備した「マル八」は、約3千隻であったが、このうち、リンガエン湾で使用されたのは約70隻であった（『戦史叢書 捷号陸軍作戦②』）。

陸軍の「マル八」は、リンガエン湾の他、ラモン湾に180隻、バタンガス州海岸に220隻、マニラ湾に130隻が配置されていたが、ほとんど戦力として使用されなかったし、使用できるものでもなかった。

さて、リンガエン湾上陸から、内陸部に進撃する連合軍に対して、1月23日、日本軍の第2次反攻が開始された。戦車隊40台は、歩兵2個大隊とともに反撃し、米軍戦車の約100台と対峙・交戦した。だが、日本軍の57ミリ戦車砲は、米軍M4戦車の装甲に跳ね返され、全滅してしまった。米軍戦車の90ミリ砲が、日本軍の戦車を全て撃ち抜いたのだ。

以後、日本軍の残存戦車兵は、「戦車なし」での地上戦に投入された。

●日本軍の敗退と孤城化

バギオ陥落とバレテ—サクラサク峠への撤退

日本軍のルソン島防御計画の拠点は、ルソン島中部の都市バギオに置かれていた。山下直轄の第14方面軍司令部（尚武集団）も、ここを中心に配備されており、部隊は45年1月にマニラからの撤退を完了し、バギオに司令部を置いた。

つまり、ここに、長期持久戦のための山岳陣地を形成する——米の産地カガヤン渓谷をバックに、バギオ東方のサラクサク—バレテ峠を南壁に、パヨンボン—バガバック—アパリの北壁に至るというものだ。

そして、連合軍のリンガエン湾上陸後の戦闘で敗退した日本軍諸部隊は、この後、ここバギオ山麓への撤退が命令された。

ところが、この日本軍司令部が置かれたバギオに対して、連合軍は1月12日から爆撃を始めた。この激しい爆撃が続く中で、日本軍にも被害が続出し、民間人の食糧難も広がっていった。

こうして、バギオに撤退してきた諸部隊の他、日本の民間人たちも、バギオからの撤退が始まった。

方面軍司令部は、第19師団、第10師団、第105師団などを南バレテ峠などに再配置することを決め、4月24日には、日本軍司令部のバギオ撤退が始まった。

この撤退と同時に連合軍は、4月25日、バギオを占領したが、この混乱の中で日本軍とその敗残兵、日本の民間人の延々と続く逃避行が始まることになった。

また他方、日本軍は第23師団を始めとして、部隊の壊滅が始まり、3月からは、バギオから撤退する諸部隊に飢餓状態が広がっていった。

この中で、連合軍は、第1軍団の数個師団をバギオ正面の攻撃にあて、第14軍団をクラーク、ガバナツアンへ二手にわけ、マニラに南下する作戦を遂行していた。

そして、1月25日、米第14軍団は、マバラカット西方高地で「建武集団」への攻撃を開始したが、激しい砲爆撃によって日本軍陣地はすぐに沈黙した。この地には、クラークから撤退した兵力3万人の、しかし陸海軍の約60個の部隊を集めた雑軍が守っていただけである。

この諸部隊は、2月9日、クラーク西方のピナツボ山に撤退。部隊は4月には分散した。この部隊の敗戦時の生存者は、約1千300人であったという。

一方、マニラの東方山地には、マニラ東側地区に第105師団、ラグナ湖北方地区に第8師団が縦深陣地を築いていた。

この日本軍に対して、1月31日、ルソン南部のナスグブに上陸した連合軍は、空挺2個連隊が上陸後、タガイタイ、バタンガスに前進し、防御する振武集団・藤重支隊を山地に追い込み、一挙に壊滅していった（この上陸部隊は、2月3日、マニラ到着。一番乗りは、第1騎兵師団）。

バレテ—サクラサク峠の死闘

すでに述べてきたが、バレテ峠はカガヤン水系と中央平野の水系の分水嶺にあたり、長々と延びる山脈の、標高900メートルの鞍部にある。近くには、サクラサク峠があり、その尾根の延長線上でもある。日本軍は、この地に砲座用の洞窟を掘り巡らし、文字通りルソン島戦の最後の死闘のための陣地を築いたのである。

この日本軍の山岳陣地に対して、連合軍は4月中旬、両峠に本格的攻撃を開始した。重砲をすでに失っていた日本軍は、この米軍戦車に対して爆雷を抱えて体当たり攻撃を行った。

さて、このサラクサク峠—バレテ峠は、南北に展開する軍主力の南の要衝であり、守備主力は第23師団（旭兵団）、第10師団（鐵兵団）と戦車第2師団（リンガエンなどの戦闘で戦車の全てを失う）であった。

連合軍は、この山岳に堅固に造られた陣地に、正面・迂回のあらゆる攻撃を敢行したが突破できなかった。この両峠をめぐって、日本軍、連合軍の文字通りの死闘が繰り広げられたと言われる。

だが、山岳を切り開き、戦車を先頭にした連合軍の進撃で、すでに装備も食糧も尽きていた日本軍の陣地は突破され、4月30日、サラクサクの第1峠が陥落、5月9日には、バレテ峠が陥落したのだ。この戦いは、事実上、ルソン島での最後の戦闘であったといえよう。

米軍の未確認情報では、バレテ峠に投入された日本軍の約1万2千人のうち、生き残りは3千人であったという。

日本軍の情報（『戦史叢書 捷号陸軍作戦②ルソン決戦』）では、この戦闘に投入された総員1万7千253人のうち、戦死は1万4千600人で、復員したのは133人だけであったとされている。

この内訳を詳細に見ると、第23師団・歩兵3個連隊の状況では、歩兵64連隊の総人員7千527人のうち、戦死6千459人で復員7人、歩兵71連隊の総人員4千425人のうち、戦死3千351人で復員84人、歩兵72連隊では総人員5千301人のうち、戦死4千790人で復員42人であったと、それぞれ記録されている。

また、同「戦史叢書」によると、米軍の損耗は、歩兵128連隊では、4月5～17日の間の損耗が275人で、3月下旬以来の総計では710人にのぼっているとされる（米軍の損耗は、北部ルソンの戦闘では、第25・32師団の戦死者1千510人、負傷者4千250人）。

こうして、5月20日、日本軍司令部は、北部のキャンガンに撤退し、ルソン島北部の山岳地帯・プログ山に複郭陣地を形成した。日本軍はこの複郭陣地（6月中旬「尚武主力」は、プログ山北東のキャンガン、トツカンの中間の直径20キロの円周）に、文字通り、立て籠もったのだ。

連合軍は、6月1日、バレテ峠を突破し、6月26日には、米第11空挺師団が、カガヤン河の北端アパリに降下し、南のバガバックからの米軍師団と合流した。この段階の6月28日、マッカーサーは、「ルソン島作戦終了」を宣言したのである。

（この時点では、米軍4個師団が、日本軍を包囲し、日本軍の複郭陣地は、ブログ山周辺地帯の東西50キロ、南北80キロにおよび、約5万人の兵員が立て籠もっていた。だが、火砲は1門だけで、食糧は全て食い尽くしていた。10メートルおきに死体が道ばたに転がっていた。この陣地の「死守」を山下は命令）。

●市民約10万人が死亡したマニラ市街戦

市民を人質に立て籠もった日本軍

上陸後、ルソン島中部・南部の日本軍を短時間で撃破した連合軍は、早くも45年2月3日、第1騎兵師団がマニラ市北部のサント・トーマス大学に突入し、抑留されていた約3千500人のアメリカ民間人を解放した。これは、米軍の初めてのマニラ進入となった。

さて、このマニラでは、米軍の1941年のマニラ撤退時とは異なり、日本軍は「マニラ死守」を決定していた。つまり、日本軍は、マニラの「無防備都市宣言」を放棄し、マニラ市民を「人質」にする市街戦への道を選択したのだ。

このマニラ死守を宣言する日本軍の防御は、

マニラ防衛隊（岩淵三次海軍少将）の約1万6千人で編成されていた。この中には、陸軍の野口支隊の野口大佐の指揮下の、3個大隊他がその防衛隊に編入されていた。

ところが、このマニラ防衛に固執していた海軍は、第31海軍特別根拠地隊を基幹に編成されていたが、地上戦の経験はほとんどなく、部隊も軍需部などの雑部隊で構成されていた。つまり、市街戦などの経験はもとより、訓練もまったくなかったのだ。

問題は、この「マニラ死守」を呼号する海軍に、陸軍、特に山下麾下の野口支隊を含めての振武集団が（司令官・横山陸軍中将）同調していたことだ。

百万都市マニラの市街戦

2月3日、連合軍のマニラ進入の報に日本軍は驚愕してしまった。連合軍の行動は、予想をはるかにこえる急進撃であったからだ。

この連合軍の進撃に対し日本軍は、マニラ市内の中央を流れるパシグ川にかかる五つの橋、軍事施設などの他、重要軍事施設全てを爆破した。市の東北部は炎上し始めた。

そして、日本軍はパシグ川南岸に陣地を築いた。指揮官・岩淵の司令部は農商務省に、野口大佐は中央郵便局に、また傘下の各部隊は、議事堂・市役所やビル、イントラムロスなどに防御拠点を築いた。

だが、この日本軍のマニラ孤城戦に対し、2月3日の米軍の来攻を知った、ゲリラが主導するマニラ市民は、一斉蜂起した。市内の全ての電源を切り、通信線を切断し、日本軍に対抗したのである。

マニラの緒戦の激戦地の一つは、市警察署である。日本軍は建物内に機関銃を配置し、周辺を障害物で固めた。これを連合軍は、榴弾砲と戦車砲で破壊した。警察署はガレキの山と化した。このような戦闘が、市役所・郵便局・マニラクラブ・フィリピン大学・マニラホテルなど各所で続いた。

市内のもう一つの緒戦の最激戦地がパコ駅とその周辺であった。ここには、海軍第1大隊300人が立て籠もっていた。これに2月7日、米第37師団の第37・148・149連隊が、猛烈な砲撃を開始し、日本軍も応戦した。

この結果、周辺は焼け野原になり、駅舎の中には内臓をえぐり出され、手足を吹き飛ばされた兵士が横たわっていた。だが、夕刻、日本軍はイントラムロスに向けて退却した。

パシグ川沿いの中央郵便局も、2月7日、炎上した。ここを司令部としていたマニラ防衛隊の大隊本部は、イントラムロス内の洞窟に本部を移した。

ところで、市内のパシグ川南に広がるイントラムロスは、囲む石壁の基部の厚さが12メートルで、その高さは平均5メートル、北側はパシグ川に守られた文字通りの城塞だ。とりわけ、そのイントラムロスの北端には、サンチャゴ要塞として知られるスペイン時代からの堅固な砦があった。ここを日本軍は、最後の陣地として立て籠もったのだ。

連合軍は当初、このイントラムロス内の空襲や砲撃を禁止していた。というのは、イントラムロスは、フィリピンが誇る歴史的建造物であるとともに、多数の市民が戦禍を逃れて避難していたからだ。

しかし、市街戦での連合軍の損害が増えるに

パシグ川を渡ってイントラムロスに上陸する米軍

したがい、この禁止令は解かれた（マッカーサーは、マニラ市内への無差別砲撃を許可）。

こうして、2月8日、連合軍はパシグ川北岸から南岸に向けて砲撃を開始し、重砲弾などあらゆる砲撃が始まった。

この中で同11日、連合軍は、パシグ川南岸の左岸に第1騎兵師団、右岸に第37師団が進出した。そして、12日午前7時過ぎ、連合軍の総攻撃が始まり、パシグ川を渡河した。

この砲撃では、米軍第129連隊は、12日からの8日間で、13万6千407発の砲弾を新警察署ビルなどに撃ち込んだという。すさまじい破壊だ。

連合軍の砲撃で、日本軍の被害は甚大であった。清水第1大隊（本部はパコ駅から撤退）は、この時点で、戦死者300人、生死不明500人、負傷300人で、兵力の80％を喪失したのである。

こうして、日本軍は北はパシグ川、西はマニラ湾という、イントラムロスの市街地域に包囲された。だが、堅固なコンクリートのビルに立て籠もった日本軍は頑強に抵抗した。

これに、連合軍はさらに迫撃弾・戦車砲などのあらゆる砲撃で攻撃した。この攻撃でイントラムロス周辺の建物は、全てが崩壊したのだ。イントラムロスの城内は、フィリピン人なども多数が避難していたが、彼らもここで数万人の死傷者を出すことになった。

そして、2月17日、連合軍は遂にイントラムロスに到着したが、その中には千人以上のマニラ防衛隊が立て籠もり、フィリピン人など約4千人の人質をとっていた。また、男たちはサンチャゴ要塞に、女性と子どもは、二つの教会に閉じ込められていた。

ここで連合軍は、日本軍にスピーカーで降伏を呼びかけたが、もちろん、日本軍は応じなかった。

こうして、連合軍は、2月17日からさらに徹底した無差別砲撃を始めた。78門の榴弾砲、12門の76ミリ砲、24門の重迫撃砲、6両の戦車による直射の砲撃もなされた。合計8千発が、イントラムロス内に撃ち込まれた。

この状況の中、すでに2月14日に、日本軍司令部は、岩淵司令官にマニラからの撤退を命令していたが、しかし、すでに撤退できる戦況を逸していたのだ。

日本軍は三面包囲に陥り、もはや脱出は不可能であった。しかし、「埠頭地区より大発・丸木舟にて脱出を図る者多し」（同『戦史叢書　捷号陸軍作戦』②）という状況もあった。

2月20日、イントラムロス城内には大火災が発生し、火の海になった。同月23日、米軍第37師団がイントラムロス北（パシグ川を渡河）と南から突入、日本軍はイントラムロスの地下壕やトンネルに立て籠もって抵抗した。

また、イントラムロス内では、日本軍はその中の二つの教会（サン・オーグスチン教会、デルモニコ教会）で、3千人の人質（大半は女性と子ども）を解放するなどの時間稼ぎをしたが、男性は全員が殺害されていた（約4千人のうち、イントラムロスで千人が殺害）。

こうして、イントラムロスに最後に立て籠もった日本軍は、2月25日、連合軍に対して最後の切り込みを行い、「玉砕」したのだ。

同26日朝、連合軍はイントラムロスを総攻撃した。「全員玉砕」を命じた岩淵司令官自らは、「自決」した。この中で、台湾・朝鮮の軍属250人が投降したという。

市街戦で廃墟と化したマニラ市内

3月3日、連合軍は、残りの抵抗拠点を攻撃し、マニラ戦の終了を宣言した。

マニラ市街戦では、マニラ市民約70万人のうち、およそ10万人が亡くなったとされている。この死者の中では、半数以上が日本軍による虐殺であったという数字もあり、多数の証言もなされている。

もちろん、マッカーサーの無差別砲撃命令の中で、戦闘に巻き込まれた市民もたくさんいるのは間違いない。しかし、日本軍がマニラ市民を「人質」にし、市内に立て籠もったのも歴史的事実だ。

●コレヒドール島の日本軍陥落

全滅した日本軍

コレヒドール島の戦闘については、前章で詳しく触れてきたので、ここでは最小限に触れておきたい。

コレヒドール島の日本軍の防御は、板垣昂大佐指揮の海軍防衛隊の4500人が守備していた。部隊は、臨時歩兵第1大隊の約500人、重砲中隊100人の他、魚雷艇隊、臨時砲兵隊、防空隊などで編成されていた。

特徴的なのは、ここに第7~12震洋隊が配置されていたことだ。だが、このほとんどは連合軍の砲爆撃で壊滅し、2月15日深夜、残存30隻が出撃し、米艦船に若干の損傷を与えた。

米軍のコレヒドール島爆撃は、1月22日から開始され、2月10日から艦砲射撃が始まった。そして、2月16日から、米軍空挺連隊の約2千人が、島のトップサイドに奇襲降下し、日本軍の指揮中枢を占領した。同時に米軍水陸両用部

隊が17日、南岸に上陸し、マリンタ高地を占拠、日本軍を東西に分断した。この戦闘の初期に板垣大佐は戦死した。

つまり、日本軍は、米軍空挺隊に背後を突かれ、組織的戦闘の間もなく敗北するという事態を招いたのだ。

一方この間、21日にマリンタ・トンネルでは、トンネル内の機雷を爆発させ、これによる混乱に乗じて切り込む作戦がとられたが、トンネル入口が閉塞されていたため、機雷の爆風が逆に流れ、切り込み隊の大半が自滅するという事態が生じた。

　そして、日本軍の残存兵約８００人は、24日、最後の切り込みを行うが、無残にも敗退し、島の東の先端地区に撤退した。孤立した部隊は、26日、米軍の攻撃を受け、モンキー岬の弾薬庫を爆破し壊滅したとされる。

　こうして、連合軍は３月２日、戦闘終了を宣言した。だが、１９４６年1月、島西端のジャングルの中から、日本兵18人が発見・収容された。

　この小さな島の戦闘でも、日本軍は膨大な戦死者を生じさせた。この戦闘の戦死者は、４千４９７人で、捕虜19人であった。米軍の戦死者は２２８人で、死傷者合計1千２００人である（前頁写真はレイテで戦死した日本軍兵士）。

●マニラ東部の戦闘とフィリピン戦の終了

「人肉を喰らう」東方山地の戦場

　マニラ市の東部地域、マニラ東方山地を防御し拠点にしていたのが、第８師団の各部隊（振武集団）であった。この部隊は、タヤバス山系に沿い、北から河嶋兵団、小林兵団、野口兵団（と呼ばれている）が、その順に陣地構築をしていた。

　すでに述べてきたが、リンガエン湾上陸とともに、連合軍の部隊は南部のナスグブ海岸に上陸した。そして、ルソン南部一帯の日本軍の掃討を行うとともに、マニラ市内を制圧し、残存する日本軍の掃討作戦を始めていた。

　この中で、３月初旬、連合軍第６・第37師団は、東方山地の日本軍に対し攻撃を開始した。

この結果、3月5日には、第6師団は、野口兵団を壊滅に追い込み、小林兵団と戦闘状態になっていた。また、3月17日以降、河嶋兵団の抵抗も終わり、同部隊は6月中旬にはバイ湖東側に撤退した。

この山地を退却する敗残兵には、連合軍と一緒になってフィリピン人のゲリラ部隊が襲撃し、日本軍の残存部隊には、飢えと餓死が続出したという。

「当時、餓死者は毎日約500人と判断されていた」

「野口兵団の戦没者はその大部が栄養失調による戦病死者」（同『戦史叢書　捷号陸軍作戦』）

この悲惨きわまりない振武集団の状況は、その司令官（第41軍）横山中将によれば、概算で以下のような状態であったという（同書）。

「戦死者6万人、戦病死者1万5千人、不明1万3千人、事前投降1千600人、収容人員1万2千500人、陣内残存推定2千500人、総計10万5千人」

ここでも、「人肉を喰らう」兵隊たちが続出した。

連合軍は、フィリピン各島では1945年2月28日パラワン島、3月10日ミンダナオ島などで、現地ゲリラ部隊と共同して上陸戦闘を行った。

しかし、すでに各島に残留する日本軍は抵抗力を失い、その内陸部へ撤退し、多くが飢餓状態に陥っていたのである。

●山下司令官の投降と処刑

こういう戦況の中で、8月15日、日本軍は無条件降伏をした。そして、同月19日、南方総軍から停戦命令が発せられ、31日、総司令官・山下大将は、山岳司令部を出て、バギオで米軍に降伏した。

その後、山下らの日本軍の指揮官は、フィリピン人に対する残虐行為・重大戦争犯罪という容疑で、「マニラ軍事裁判」において起訴された。そして、山下らは同年12月7日、有罪判決、絞首刑を宣告され、46年2月23日、処刑された。

山下が立て籠もったルソン島中部―北部地帯は、兵隊ばかりでなく日本の民間人にも餓死者が続出し、文字通りの「飢餓街道」であったと、多くの将兵たちの証言記録が残されている。

もちろん、この兵隊と民間人の悲惨な状況の責任は、山下などの現地指揮官だけにあるのではない。フィリピンでの「長期持久戦」態勢を命令した大本営、なかんずく大元帥・昭和天皇の責任が、もっとも大きいと言わねばならない。

しかし、私たちがもっとも心にとどめておかねばならないのが、この「長期持久戦」態勢下で、数十万の日本軍にイナゴの大軍のごとく食糧を食い尽くされ、大地を奪い尽くされたフィリピン民衆の存在である。

野といわず、山といわず、村といわず、移動する敗残兵の大軍は、フィリピンの全てを奪った。川という川から生き物が食い尽くされ、消えたとまで言われている。

しかも、この敗残兵の大軍は、住民から全てを奪い尽くしただけでなく、「ゲリラの影」に怯え、彼らの命をも奪い尽くした。

このあまりにも残虐非道な、フィリピン民衆への加害責任を問い直し、深く謝罪することなしに、今後の日比の経済的社会的関係も、信頼の回復もないと言うべきだ。

著者略歴

小西 誠（こにし まこと）

1949年、宮崎県生まれ。航空自衛隊生徒隊第10期生。

軍事ジャーナリト・社会批評社代表。2004年から「自衛官人権ホットライン」事務局長。

著書に『自衛隊の対テロ作戦』『ネコでもわかる？ 有事法制』『現代革命と軍隊』（マルクス主義軍事論第2巻）『自衛隊 そのトランスフォーメーション』『日米安保再編と沖縄』『自衛隊　この国営ブラック企業』（以上、社会批評社）などの軍事関係書多数。

また、『サイパン＆テニアン戦跡完全ガイド』『グアム戦跡完全ガイド』『本土決戦 戦跡ガイド（part1）』『シンガポール戦跡ガイド』（以上、社会批評社）の戦跡シリーズ。

●フィリピン戦跡ガイド
――戦争犠牲者への追悼の旅

2016年8月1日　第1刷発行

定　価　（本体1800円＋税）
著　者　小西　誠
装　幀　根津進司
発　行　株式会社　社会批評社
東京都中野区大和町1-12-10 小西ビル
電話／03-3310-0681　FAX／03-3310-6561
郵便振替／00160-0-161276

URL　http://www.maroon.dti.ne.jp/shakai/
E-mail　shakai@mail3.alpha-net.ne.jp
印　刷　シナノ書籍印刷株式会社